KB253843

사회과학이론입문

사회과학이론입문

Paul Davidson Reynolds 著

朱三煥·申鵬燮 共譯

역자 머리말

이 책은 **Paul Davidson Reynolds**의 ≪*A Primer in Theory Construction*(Indianapolis: The Bobbs-Merrill Co., Inc., 1971)≫을 번역한 것이다. 학문을 하겠다고 大學에 들어온 사람, 특히 大學院의 문을 두드린 사람으로서는 반드시 읽고 이해해야 할 필독서라고 생각되어 어려움을 무릅쓰고 번역하게 되었다. 학문을 하려는 사람은 먼저 理論이란 무엇이며 理論이 어떻게 형성, 구성되었는지 알아야 할 것이다. 또한 研究를 하고자 할 때 理論의 기초 위에 設計를 해야 하기 때문에 이 책이 필요할 것이다.

理論의 구성과 형성에 관한 이 책은 自然科學이나 人文科學 학도에게도 공통적으로 필요하겠지만 특히 社會科學徒에게 초점을 맞추었음을 밝혀둔다. 그래서 이론의 예시를 주로 사회과학이론으로부터 빌려왔다.

이 책은 드러누워 쉽게 읽을 성질의 책이 아니다. 노트를 하면서 두 번, 세 번 반복해서 읽어야 이해할 수 있는 책이다. 여기에 든 예시가 이해하기 어려운 사람은 생략하고 읽어도 좋겠으나 가능하다면 그 분야의 다른 책을 구해서 읽어 이해하고 넘어갈 수 있다면 더욱 좋을 것이다. 理論에 관한 가장 기초적인, 핵심적인 내용을 얇은 책으로 간략하게 정리해 놓았기 때문에 재미있는 책이기보다는 인내력을 요구하는, 과학을 하려는, 학문을 하려는 초보자가 극복해내야 할 책이라는 점을 명심하기 바란다. 그러나 앞으로 공부하려는 사람이 넘어야 할 태산준령에 비하면 하나의 작은 언덕에 불과할지도 모른다.

이 책은 科學哲學의 入門書이면서 동시에 研究方法에 관한 기초 소개서이다.

　역자들은 가능한 한 쉽게 그러나 정확하게 옮겨 놓으려고 2년여의 공동 노력을 하였고, 또 대학원 코스에서 직접 다루어보기도 하였으나 아직도 난해한 부분이 많다. 학문을 시작하고 연구하려는 사람들에게 조금이라도 도움이 된다면 역자에게는 더 할 수 없는 기쁨이 아닐 수 없다.

朱三煥과　申鵬燮　識

감사의 말

필자는 스탠퍼드 대학 재학시절(1965~1968년) 대학의 사회학과 교수들로부터 본서에 관련된 내용의 강의를 받았다. 당시 Joseph Berger와 Bernard P. Cohen, 그리고 Morris, Zelditch. Jr. 교수들은 과학을 연구하기 위해서는 그 세계에 무작정 뛰어들기 전에 과학은 무엇인가를 심사숙고 하는 것이 가치로운 일이라고 제안하였다. 비록 이 책이 그들의 이러한 일반적인 지향을 담고 있으며 여기에 표현된 상당부분이 그들의 견해와 일치하지만, 이 책의 요지와 결론에 대하여는 전적으로 필자에게 책임이 있다.

필자는 이 책을 집필하면서 1968~1969학년도와 1969~1970학년도에 캘리포니아 대학교 리버사이드분교에서 본인의 사회심리학 강좌를 수강한 네 부류의 학생들로부터 많은 도움을 받았다. 필자가 이 책을 쓰게 된 동기는 ① 명석하고 학문에 관심이 많은 대학원생조차도, 옳든 그르든 간에, 이론이나 이론의 개발과정에 대한 개념적 지식이 전혀 없었다는 점과, 나아가서 ② 기초적인 수준에서 이러한 내용에 접근하고자 하는 유용한 교재가 없다는 점을 발견한데서 비롯되었다. 이들 학생들은 좋든 싫든 이 책의 부록에 기술된 문제를 적용하여 타당성을 검증해 보는 대상의 역할을 하였다. 1969~1970학년도에 사회심리학 강좌를 수강한 학생들과 1970년 겨울학기에 이론평가론(theory evaluation)을 수강한 대학원생들 그리고 1970년도 겨울학기에 미네소타 대학교 신문방송학과 Jerry Kline 교수의 이론구성 세미나 강좌를 이수한 대학원생들이 이 책의 초안을 잡고 수정하는 데 있어서 아주 귀중한 비평을 가해 주었다.

캘리포니아 대학교 리버사이드분교의 **Clara Dean**은 우수한 타이피스트였다. 그녀의 타자능력은 질과 효율성의 측면에서 누구도 필적할 수 없는 경지에 도달해 있었다. 필자의 처 **Anne-marie**와 **Bobbs-Merrill** 출판사의 편집인 **Maria Scott** 여사는 필자의 문체를 일반적인 문법 규칙에 맞도록 수정해 주고 무질서한 필자의 문체를 잘 정리해 줌으로써 큰 도움을 주었다.

저자 머리말

이 책은 간략하지만 여러 측면에서 복잡한 주제를 다루게 된다. 이 책의 前版을 가지고 공부했던 학생들에 의하면 첫 번째 읽을 때보다 두 번째 읽을 때가 더 이해하기 쉬웠다는 평이다. 그래서 독자 여러분, 특히 이런 주제를 처음 대하는 사람은 이 책을 두 번 정도 읽을 것을 권하고 싶다. 그래도 책의 분량이 적기 때문에 크게 부담이 되지는 않을 것으로 본다.

이 책에는 理論에 대한 평가와 이론의 구성에 관련된 문제를 보다 명료하게 하기 위해 몇 가지 實際理論(substantive theories)을 예시하였다. 실제이론을 제시하는 목적은 이들 이론이 "완벽한 이론"이거나 "이상적인 이론"이기 때문이 아니라 科學哲學(Philosophy of Science)과 관련된 논쟁점을 명백히 하기 위해서이다. 그렇기 때문에 이 책에 제시된 실제이론들을 평가적 입장에서 다루지는 않았다. 즉 저자의 입장에서 그러한 이론을 평가하여 실제이론에 포함시킬 것인가 포함시키지 않을 것인가를 고려하지는 않았다. 그래서 만일 독자가 책을 읽다가 예증적으로 제시된 이론들이 이해하기 어렵거나 혼란스럽다고 생각되면, 책을 계속해서 읽어 나가는 데 방해받을 필요없이 생략하고 뛰어넘어도 좋다.

이 책은 科學哲學을 社會現象과 人間現象에 적용할 수 있고, 또 적용해야 한다는 견지에서, 과학철학에 대한 일반적인 소개를 할 목적으로 계획되었다. 예를 들면 Hubert M, Blalock 2세의 ≪社會硏究의 入門(*An Introduction to Social Research*; Englewood Cliffs. N. J.: Prentice-Hall. 1970)≫과 같은 硏究方法에 관한 槪論書와 관련지어 독자들에게 사회과학에 관한 경험중심적인 이론구성과 이론의 검증에 대하여 광범하고 종합적인 소개를 하고자 한다.

차　례

1. 서 론

　　科學的 知識體系는 과학자들이 과학의 목적을 달성하는 데 유용하다고
생각되는 槪念(concept)과 陳述(statement)로 구성되어 있다.[1]

　　이 책의 목적은 첫째, 과학적 지식체계를 구성하는 여러 형태의 개
념(concept)과 진술(statement)에 대하여 설명하고, 둘째, 학문의 세계
에서 권장되는 과학적 지식체계의 형태가 무엇인가를 밝히려는 것이
다. 그러나 어떤 아이디어에 대한 최종적인 판단은 그것이 과학의 목
적달성에 얼마나 기여하느냐 하는 유용성(utility)에 달려 있다. 다시
말하면, 일반적으로 "형태는 정교하지는 못하지만 내용이 좋은 아이디
어(good idea)"가 형태는 올바르지만(correct form) 내용이 좋지 않은
아이디어보다 생명력이 길지는 못하여도 과학의 세계에서 수용되는
정도가 더 높다. 그래서 결국 좋은 아이디어를 대체할 만한 것은 아무
것도 없다.

　　이 장의 목적은 科學的 知識의 特性을 기술하려는 데 있다. 이들 특
성을 설명하고 타당화하기 위해서는 우선적으로 두 가지 문제, 즉 과
학이 추구하는 목적과 과학자들이 개념과 진술의 유용성을 평가할 때
사용하는 절차에 대하여 논의해야 할 것이다.

---

1) 만일 "科學者"를 과학적 지식을 창조해내는 사람이라고 정의한다면 이 진술문은
　과학자는 지식을 과학으로 채택하고 또 지식을 과학으로 채택하는 사람이 과학자
　라고 하는 순환성(circularity)의 문제에 부딪치게 된다. 그러나 과학자를 다른 방
　식 즉 어떤 형태의 훈련을 받은 사람 또한 사회가 과학자(어떤 기준이 되었든)로
　정의한 사람으로 정의한다면 순환성의 문제는 생기지 않는다.

1. 과학적 지식의 유용성

　科學的 知識이란 기본적으로 "어떤 現象에 대한 기술과 설명을 위한 하나의 체계"라고 말할 수 있다. 그러나 모든 것을 과학으로 설명할 수는 없다. "달은 지구상의 大洋에 어떻게 영향을 주는가?", "社會體制 내에서 사람의 身分은 무엇 때문에 변화하게 되는가?" 또는 "生命體(재생산의 능력을 갖고 있는 有機體)는 어떠한 조건하에 서 존재하는가?"와 같은 질문들은 科學的 知識으로 접근이 가능하며, 흔히 과학에 의해 그 해답이 구해지는 것들이다. 이러한 질문들은 일정한 事件(事象)이 어떻게(how) 또는 왜(why) 발생하느냐와 관련된다. 그러나 "달[月]이 왜 존재하는가?", "사회는 왜 존재하느냐?"와 같은 질문들은 과학이 해결할 수 있는 능력을 벗어난 것이다. 이처럼 "왜 존재하는가?"와 같은 질문은 다분히 宗敎的 또는 哲學的인 것이라서 경험에 바탕을 둔 과학으로는 해결되기 어렵다. 그래서 이 책에서는 앞으로 "事物이 왜 存在하는가?"하는 문제는 다루지 않고 과학의 주요 초점이 되는 "왜 어떤 현상이 일어나는가?"하는 문제를 강조하여 다루게 될 것이다.

　만약 "事物"을 기술하고 어떤 "事件"이 왜 발생하며, 또 왜 어떤 것은 쉽게 나타나지 않는가를 설명하기 위한 과학적 자식체계를 구축하는 과제를 과학자들이 완성하였다고 가정하면, 그러한 知識體系는 과연 무엇에 有用해야 하는가? 많은 사람들은 科學的 知識이 다음 다섯 가지를 제공하는 데 유용하기를 원한다.

① "事物"을 組織하고 範疇化하는 방법, 즉 개념의 分類體系(typology).
② 미래 事件의 豫測(predictions).

③ 과거 事件의 說明(explanations).
④ 事件의 原因에 대한 理解力(sense of understanding).

그리고 종종 언급되는 것으로는

⑤ 사건의 통제력(potential for control)을 제공하는 것.

이 다섯 가지에 대하여 차례대로 논의하기로 한다.

1) 개념의 분류체계

일단의 개념들이 사물을 조직하고 분류하는 데 사용될 수 있기 때문에, 과학적 지식체계의 다섯 가지 목적 중 첫 번째 목적은 가장 달성하기 쉬운 목적이다. 예를 들면 돌멩이나 바위는 색, 크기, 무게, 단단함, 결정구조, 그리고 여러 가지 다른 특성에 의하며 분류될 수 있고, 사람은 피부색, 신장, 몸무게, 근력(신체조건), 認知構造 등에 의하여 분류될 수 있으며, 社會體制는 규모, 응집력(체제에 대한 구성원의 헌신도), 내적 조직의 형태 등에 의하여 분류될 수 있다. 現象이나 "事物"을 조직하고 분류하는 데에는 여러 가지 방법이 있을 수 있기 때문에, 여기서 문제가 되는 것은 과연 어떤 분류방법이 가장 유용한가를 결정하는 것이다. 이 문제가 중요한 논쟁점이 된다. 즉, 개념의 분류방법에 대한 유용성을 어떤 기준에 의해 평가할 것인가, 어떤 현상에 대해 어떤 분류방법을 적용할 것인가에 대해서는 보다 명확한 몇 가지 기준이 있다. 첫째, 분류방법의 포괄성(exhaustiveness)이 보장되어야 한다. 즉, 분류의 대상이 되는 모든 사물들은 하나도 빠짐없이 그 分類體系 속에 완전히 다 들어가야 한다. 둘째 相互獨立性(mutual exclusiveness)

이 이루어져야 한다. 상호독립성이란 각 "事物"을 어디에 놓아야 할 것인가가 모호하지 않아야 한다는 것을 말한다. 세 번째로 보다 더 중요한 기준은 개념의 분류체계가 과학의 다른 목적을 나타내는 陳述에서 사용되는 개념과 일치해야 한다는 점이다.

2) 사건의 예측과 설명

미래에 일어날 사건을 豫測하는 것과 과거에 일어났던 사건을 說明하는 일은 시간적인 관점에서는 차이가 있지만, 그 과학적 진술이 추상적이라는 점에서 본질적으로 이 두 가지는 동일한 활동이다. 예를 들어 다음 진술문을 생각해 보면 좋을 것이다.

① 기체의 양이 일정하고 온도가 상승하면 압력은 증가될 것이다.
② 한 조직 내에서 이동률(구성원의 변화)이 일정하고 조직의 규모가 커진다면 조직구조와 과정의 形式性(formalization)은 증가될 것이다.

이 두 진술은 모두 똑같은 형식을 취하고 있다.

어떤 일정한 조건(일정한 양, 이동률)하에서 한 變因(기체의 온도, 조직의 규모)의 변화는 다른 변인(공기의 압력, 조직의 형식성)의 변화를 가져온다.

이러한 형태의 진술들이 과학적 지식체계를 구성하며 象徵的 論理(symbolic logic)로부터 채택된 설명의 형태(說明의 다른 槪念에 대하여는 다음에 기술하고자 한다)를 사용해서 科學的 事件을 豫測하고 說明하는 데 그것들이 될 수 있다. 예를 들면,

만일 기체의 양이 일정하고 온도가 상승하면 압력은 증가될 것이다. Z
상황에서 기체의 R의 양이 일정할 때 온도가 상승하였다. 그러므로 기
체 R의 압력이 증가하였다.

이것은 象徵的 論理(Hempel and oppenheim, 1948)를 통한 說明形
態이다. 위에 제시된 설명의 이 진술(진술 i로 지칭) 속에는 時間(歷
史的 意味에서, 특정의 역사적 시점)에 대한 언급이 들어 있지 않음을
주목하라. 이런 종류의 추상적 진술, 그리고 이에 근거한 설명은 歷史
的 時間과는 독립적(independent)이다. 바꾸어 말하면 이런 진술은 과
거의 사건을 설명하기 위해 사용될 수 있는 동시에 미래의 사건을 예
측하는 데로 사용될 수 있다.

동일한 論理形態를 사용한 다음의 진술(진술 ii로 지칭)은 組織特性
의 變化를 설명하는 데 사용될 수 있다.

만일 이동률이 일정하고 조직의 규모가 커지면 조직의 형식성은 증가한
다. Y상황에서 조직 Q에서의 이동률이 일정할 때 조직의 규모가 커졌
다. 그러므로 조작 Q의 형식성은 증가하였다.

다시 말해서 진술ii는 歷史的 時間과 독립적이고 과거와 미래의 상
황에 똑같이 적용되기 때문에, 이러한 論理的 演繹(logical deduction)
은 특정 역사적 시간으로부터 독립적이다.

하나의 진술이 설명과 예측에 모두 유용할 때, 그 진술문 속에 포함
된 개념들은 사물을 조직하고 분류하는 데 사용될 수 있다. 위의 예에
서 기체는 양, 온도, 압력으로 분류되고 조직은 이동률, 규모, 형식성의
정도에 의하여 분류될 수 있다. 그러므로 만일 하나의 진술이 설명하
고 예측하는 데 사용할 수 있다면, 그 진술 속에 포함된 개념들은 당연
히 현상을 조직하고 분류하는 데(분류체계를 제시하는 데) 사용될 수

있다고 생각할 수 있다.

3) 사건의 원인이해

과학적 지식의 또 한 가지 목적은 사건의 원인에 대한 이해력을 제
공하는 것이다. 이것이 가장 달성하기 어렵고 또 논쟁거리가 될 수 있
는 과학의 목적이다. 하나 이상의 개념(獨立變因)의 변화가 다른 개념
(從屬變因)의 변화와 연결된다는 因果關係構造(causal mechanism)가
충분히 기술되었을 때에야 비로소 사건의 원인에 대한 이해력이 제시
된다는 것이 이 책 전체를 통해 나타내는 저자의 가정이다.2) 만일 어
떤 설명에 대하여 모호하다거나 불확실하다고 느낀다면 이는 아마도
그 설명 속에 인과관계구조의 어떤 부분이 기술되지 않았기 때문일 것
으로 본다.

앞의 예에서, 기제와 조직에 대한 예측과 설명은 經驗的 一般化(em-
pirical generalization)라고 기술될 수 있는 진술들로부터 논리적으로
도출되었다. 어떤 일정한 조건하에서, 과학자가 어떤 진술에 대하여

---

2) 원인이해력을 제공하는 다른 기준에 대해서도 제시된 것이 있다. Stincheombe(1968,
p. v)은 하나의 이론을 평가하는데 있어서 "논리적 기준 또는 공식적 기준"에 너무
의존한다고 불만을 표시했지만 "현상의 핵심(guts of the phenomenon)"을 이해해야
한다는 그의 대안은 분명하게 기술되어 있지 못하다. 또 다른 하나의 관점은 그 설명
이 유사한 과정과 친숙한 과정으로 바꾸어 놓을 때(번역할 때) 원인이해력이 생긴다
고 생각하는 것이다. 만일 새로운 설명이 어떤 기존 아이디어와 유사하지만 다른
현상에만 적용된다면 원인이해력이 존재하는 것으로 생각된다(Hempel and
Oppenheim, 1948, p.145. 이 주장을 기술은 하고 있지만 수용하지는 않고 있다).
모든 새로운 아이디어가 과거에 있었던 아이디어에 대한 개작일 것을 요구하는 것은
이것이 혁신을 심각하게 저해하게 될 것이다. 세 번째 기준은 사회적 과정에 대한
모델정립 그리고 시뮬레이션과 관련된다(제5장 제5절 참조). 예측의 근거가 무엇이
되었든 경험적 결과와 모형에서 나온 예측이 딱 맞아떨어질 때 모델점검자들은 원인
이해력을 얻었다고 느끼게 된다.

眞(truth)이라는 강한 확신감을 가질 때 이러한 진술을 法則(laws)이라고 부른다. 그러나 이러한 예들이 모든 論理的 說明의 요구조건을 다 갖추었다 하더라도 원인이해력을 제공하지 못한다면 이들 진술이 완전하다고 생각하기는 어렵다. 완전한 설명은 인과과정의 관계성에 대한 설명을 동시에 제공해 주는 진술을 필요로 한다.

"일정한 부피상태에서 온도가 상승하면 압력이 증가한다"는 기체의 예와 관련지어 볼 때, (기체는 "일정한 운동상태에 있는 분자의 집합"이라는 개념에 근거하는) 다음의 인과과정은 이러한 관계성을 설명하기 위하여 제시될 수 있을 것이다.

- 온도의 상승은 기체분자의 운동에너지를 증가시킨다.
- 운동에너지의 증가는 분자들의 속도가 증가하는 원인이 된다.
- 용기의 부피가 일정하므로 분자가 더 이상 마음대로 운동할 수 없기 때문에 용기의 내벽에 더 자주 부딪치게 된다(분자가 더 빨리 이동하기 때문에 그것들은 더 많은 면적을 차지하고 용기로부터 더 자주 되튄다).
- 분자들이 용기의 벽에 더 자주 부딪칠 때 용기의 벽에 대한 압력은 증가한다.

이러한 과정의 결과를 다음과 같은 經驗的 關係性(empirical relationship)으로 요약할 수 있다. 즉 溫度가 상승하면 壓力은 증가한다. 온도의 변화와 압력의 변화 사이의 관계성을 설명하는 다른 과정이 있을 수 있지만 이러한 과정이 좀더 명확한 방법이 될 것이며 결국 이러한 기술이 원인이해력을 제공할 것이다.

마찬가지 방식으로, 조직규모의 증대가 조직에서의 형식성이 증대하는 원인이 된다는 과정은 다음과 같이 기술될 수 있다.

- 조직규모의 증대가 조직구성원 수의 증가를 가져오는 것으로 생각된다.

- 조직구성원 수의 증가는 구성원의 훈련과 경험의 다양성을 증대시키는 원인이 된다.
- 구성원의 훈련과 경험이 보다 다양해짐에 따라 규정과 절차에 대한 해석도 더 다양해진다.
- 조직의 규정과 절차의 해석에 대한 다양성의 증대는 조직에서 활동의 조정이 줄어드는 원인이 된다.
- 조직활동에 대한 조정의 감소는 조직의 직무수행을 감소시키는 원인이 된다.
- 직무수행의 감소는 조직 행정가를 불안하게 한다.
- 조직 행정가는 불량한 직무수행을 조정의 감소 탓으로 돌리게 된다.
- 조직의 규정에 대한 모호성을 줄이기 위하여 조직 행정가는 많은 규정을 증가시키고 규정을 보다 더 자세하고 구체적으로 만들게 된다.
- 규정의 수와 구체성의 증가는 형식성의 증가를 나타내는 指標로 간주되게 된다.

다시 말해서 이러한 과정은 결과적으로 다음과 같은 진술로 요약된다. 즉, 규모가 커짐에 따라 형식성이 증가한다. 말하자면 여러 가지 과정들의 규모의 변화와 형식성의 정도를 연결시켜 주게 된다.

지금까지 사건에 대한 두 가지의 설명방식, 즉 "科學的 陳述(또는 法則)로부터의 추론(derivation)"과 "因果關係의 構造에 대한 記述" 방법을 제시하였다. 두 가지 방법이 다 성공적이지만 인과관계과정의 기술이라는 두 번째 절차는 과학적 진술로부터의 추론이라는 첫 번째 절차에는 없는 원인이해력을 제공해 준다.

인과관계의 과정에 대해 잘 기술하는 것은 관심대상의 현상을 조직하고 분류하는 개념을 제공해 줄 뿐만 아니라, 논리적 추론이라는 의미에서 설명과 예측까지도 할 수 있게 해 준다. 만일 인과관계과정에 대한 기술개발이 과학적 활동의 가장 중요한 목적으로 간주된다면, 이러한 기술과 일치하지 않는 개념의 분류체계는 사물을 명료화해 주기 보다는 오히려 혼란만 일으키게 된다.

4) 사건의 통제

만일 사건을 통제하는 능력을 모든 과학(적 지식)의 바람직한 특성으로 삼는다면, 현재 과학의 부류에 속하는 많은 것들이 과학에서 배제될 것이다. 예를 들어 천문학과 지리학은, 그것들이 원인이해력을 제공해 주기는 하지만 개념의 분류체계와 진술을 제공한다는 점에서만 정교한 과학으로 간주될 수 있다. 그러나 천문학자들에게 태양계에서 일어나는 일식, 월식과 같은 사건을 통제하기를 기대하거나, 지리학자들에게 지구 내부에서 일어나는 지진과 같은 사건을 통제해 주기를 기대하는 것은 바람직하지 못하다. 왜냐하면 분명히 그런 통제는 천문학자나 지리학자가 갖고 있는 현재의 능력 범위를 벗어난 문제이기 때문이다.

여기에서 문제는 중요한 변인들이 서로에게 어떻게 영향을 미치는가를 이해하는 것과 그 변인들이 어떻게 변화되는가를 식별하는 것이다. 사건을 예측 가능한 방식으로 통제하기 위해서는 이 두 가지 조건을 충족하는 것이 필요하다. 비록 사회과학자들이 개념의 분류체계, 설명, 예측, 그리고 원인이해력을 자신의 이론 속에 포함시키는 능력이 있다고 해도 지위구조(사회적 유동성)의 특징이나 또는 경제체계(인플레이션)와 같은 몇 가지 사회적 현상은 일식이나 월식, 지진처럼 통제하기 어렵지 않을 것이라고 믿는 것은 타당하지 않다. 이 책의 다음 부분에서부터는 통제력을 어떤 지식이 과학적이라고 수용되기 위한 필요한(절대적인) 기준으로 다루지는 않을 것이다. 하지만 만일 특정의 현상에 관련된 하나의 이론이 과학적으로 유용하다면 과학자들이나 "일반인들"은 자신이 통제하기를 원하는 사건에 영향을 줄 수도 있는 변인들을 시험해 볼 수 있다고 가정 할 수 있을 것이다.

2. 이 론

이론이란 무엇인가? 이에 대한 개념은 여러 가지로 정의될 수 있기 때문에 이 책에서는 지금까지 과학적 이론에 대해서 별로 언급하지 않았다. 과학적인 이론에 대한 여러 가지 구체적인 개념들은 제5장에서 논의될 것이므로 여기서는 간단히 언급하기로 한다. 과학적인 이론에 대해서는 현재 두 가지 개념이 지배적이다. 그 하나는 경험적으로 충분히 지지되는 일단의 일반화나 법칙들을 과학적 지식으로 보는 견해로서, 이러한 과학적 지식의 개념을 "법칙체계(set-of-law)형 이론"이라고 명명할 수 있다. 다른 하나는 상호 관련된 일단의 정의 또는 공리들 그리고 공리에서 파생된 명제들을 과학적 이론이라고 보는 견해이다. 이러한 과학적 이론의 개념은 수학적 이론의 개념에서 빌려온 것인데, "공리(axiomatic)적 형태의 이론" 이라고 부른다. 비록 이론에 대한 법칙체계형적 개념이나 공리적 개념은 모두 논리적인 설명을 도출하는 데는 사용될 수 있지만 일반적으로 이들 형태의 이론에서는 원인이해력을 제시하지는 못한다.

만일 인과과정에 대한 설명이 제시되는 가운데 원인이해력도 제공된다면, 이것은 일단의 인과과정들에 대한 기술체계로서, 이론의 세 번째 개념으로 고려되는 것이 바람직할 것이다. 즉 이것을 인과적 과정형태(causal process form)의 이론이라고 명명할 수 있다. 종종 공리적 형태로 된 일련의 진술이 인과적 과정형태의 진술로 재조직될 수 있지만 이것이 항상 가능한 것은 아니다. 불행하게도 진술이 법칙체계 형태로 이루어진 경우는 좀처럼 드물다.

이론이라는 말은 종종 다음과 같은 아주 추상적인 형태의 공식(formulation)을 언급하는데 사용되기도 한다. 즉 이론은 ① 사건이나 사물에 대한 막연한(비특정적, vague) 개념화(conceptualizations)나 기술, ② 바람직한 사회적 행태(behaviors)나 제도에 대한 규정, ③ 어떤 검증되지 않은 가설이나 사상 등을 포함하기도 한다. 어떤 현상을 기술하는 데 사용되는 일단의 추상개념들을 이론이라고 지칭한다면, 단지 하나의 개념만이 제시될 때는 이론이라는 단어의 사용은 부적절한 것이다(예컨대, 관료조직의 성격). 이러한 개념은 고작 개념의 분류체계를 제시할 뿐 과학적 지식의 또 다른 목적을 달성하지는 못한다. 이에 대한 자세한 논의는 뒤에서 하게 될 것이다. 과거의 많은 사회·정치적인 이론은 사회체제의 구성원 간에 전개되는 실재적인 형태의 행동이나 제도에 관계없는 이상적인 사회체제의 형태를 기술한다. "이론"이란 용어를 사용함에 있어서 검증되지 않은 가설이나 아이디어를 이론이라고 언급하는 것의 의미는 어떤 아이디어도 경험적 자료에 의해 지지되어 "사실"이나 "실재"가 될 때까지만 이론이라고 말하는 것과 같다. 이론이라는 말을 이런 방식으로 사용하는 것을, 그것이 어떤 "개념화"이든 "행동의 기술"이든 "검증되지 않은 아이디어"든 간에 이 책에서는 피하게 될 것이다. 달리 지칭하지 않으면 이론이라는 단어는 법칙체계든 공리적 개념이든 또는 인과적 과정 형태이든 간에 지식의 과학적 일부로 생각되는 추상적 진술을 언급하는 데 사용될 것이다.

3. 개념과 진술

일반적으로 어떤 아이디어가 과학적 지식의 일부로 수용되는 정도는 ① 그 아이디어가 과학의 목적을 위해 유용하다는 개개 과학자들이 확신하는 정도가 높고 ② 그 아이디어가 과학의 목적을 위해 유용하다고 생각하는 과학자의 수가 증가할 때 높아진다. 아이디어들은, 과학의 일부이든 일부가 아니든 간에 전적으로 수용되거나 거절되는 양단의 문제가 아니라 수용의 정도가 다르다는 점에 주의해야 한다, 이것이 일반적으로 과학적인 아이디어를 수용하는 과정을 생각하는 가장 적절한 방법이지만 광범하게 지지되는 이론에 대한 확신이 아주 높아서 이것을 眞이라고 생각하고 진에 반대되는 것은 僞로 생각하는 오류가 있을 수도 있다. 아이디어를 "진" 아니면 "위"로 완고하게 분류하는 것은 현상에 대한 새로운 사고방법을 수용하거나 개발하도록 자극하지 못한다.

개념이나 진술에 대한 과학자들의 태도에는 두 가지 요인이 중요하게 영향을 미친다. 즉, 자신이 그 개념이나 진술의 의미를 이해하고 있다고 확신하는 정도와 그 개념이나 진술이 과학의 목적을 달성하는 데 유용하다고 믿는 확신의 정도이다.

두 번째 요인은 일반적으로 아이디어와 경험적 연구결과 간의 일치 정도에 달려 있다. 경험적 연구의 중요성은 이것이 과학자들이 과학적 지식의 어떤 측면에 관련하여 갖게 되는 확신감의 정도에 영향을 미친다는 것이다. 이런 사실은 과학적 지식체계를 보충하기 위해 제안된 진술이나 개념에 한 가지 중요한 제한을 가한다. 즉 거기에는 과학자들이 그것들을 객관적인 경험적 연구결과와 비교할 수 있는 몇 가지 방법이 있어야 한다는 점이다.

만일 어떤 아이디어가 경험적 연구결과와 비교될 수 없다면 그 자체로는 다른 과학자들이 그 아이디어가 과학의 목적에 유용한지를 결정할 방법이 없다. 그래서 검증되지 않은 아이디어는 현상에 대한 어느 과학자의 견해일 뿐이지 모든 과학자들이 공유할 수 있는 지식은 아니다. "개인들의 집합"에 의해 인정된 지식만이 과학적 지식이다라고 하는 한, 어느 한 사람의 견해는 과학적 지식으로 간주될 수 없다.

이러한 논의에서 보다 중요한 것은 과학자들이 개념이나 진술의 의미를 이해하고 있는지 못하는지를 어떻게 판단하느냐가 고려의 대상이다. 불확실한 상황에 처한 사람과 마찬가지로 과학자들은 다른 과학자의 이해와 비교함으로써 개념에 대한 자신들의 이해를 점검한다. 만일 과학자들 간에 본질적인 측면에서 이해의 불일치 현상이 나타난다면, 어떤 과학자도 자신이 그 개념이나 진술의 의미를 올바르게 이해하고 있다고 확신할 수 없다.

어떤 과학적 개념이나 진술의 의미에 관한 동의가 갖는 중요성은 다음의 두 가지를 생각해 보면 쉽게 이해할 수 있다. 첫째, 만일 의미에 관한 공통의 합의가 없다면 과학적 지식이 과학자들의 한 세대에서 다음 세대로 전달될 수 없다. 따라서 과학자들마다 "절대무지"라는 동일한 출발점에서 과학적 지식체계를 세워야 한다. 이런 조건하에서는 매우 중요하거나 유용한 과학적 지식체계를 세우는 것이 불가능하게 될 것이다.

둘째, 만일 과학자들이 과학의 목적을 달성하는 데 유용하다고 동의한 지식을 과학적 지식이라고 간주한다면, 과학적 지식은 개념이나 진술의 의미에 대한 동의가 없이는 그 성립이 불가능하다. 왜냐하면 만일 개념이나 진술의 의미에 대해 과학자들 간에 동의가 없다면 어떻게 어떤 현상을 조직하고, 설명하고, 예측하고 또 원인이해력을 제공하는 과학적 지식의 유용성에 대한 동의가 있을 수 있겠는가? 이런 조건에서는 과학자들에 의해 개발된 지식과 일상적인 사건에 관한 일반적인 지식을 구별할 수 없게 될 것이다. 이것은 단지 세계에 관한 과학자들의 개인적인 철학의 일부가 될 뿐이며 과학자가 아닌 사람들이 갖고 있는 그러한 지식과 별 차이가 없을 것이다.

요약하자면, 만일 과학자들이 과학의 목적을 달성하는 데 유용하다고 동의한 지식을 과학적 지식이라고 한다면, 과학적 지식을 표현한 개념이나 진술의 의미에 대한 동의가 있어야 한다. 그래야만이 어떤 과학자가 자신의 이론에 대한 몇 가지 측면을 경험적 연구와 비교하는 일이 가능해질 것임에 틀림없다.

4. 바람직한 과학적 지식의 특성

과학적 지식의 바람직한 특성으로는 ① 추상성(abstractness; 시·공간적 독립성), ② 상호합의성(intersubjectivity; 관련 과학자들 간의 의미에 관한 동의), ③ 경험적 적절성(empirical relevance; 경험적 결과와의 비교 가능성) 등이다.

이 절에서는 왜 이런 특성이 과학의 목적을 달성하는 데 바람직한가와 어떻게 이런 특성이 개념과 진술을 과학적 지식으로 채택되는 것을 용이하게 하는가를 서술하겠다.

1) 추상성

추상성(abstractness)은 과학적 지식의 가장 간단한 특성으로써 어떤 개념이 특정한 시간적 또는 공간적으로 독립되어 있다는 것을 의미한다. 다시 말하면, 어떤 개념이 어떤 특정의 시간적(역사적 시간) 현상이나 공간적(위치) 현상에만 특정적으로 관련되어 있지 않다는 점을 말한다. 과학에서 사용되는 개념이 추상적이어야 한다는 점이 왜 중요한가? 여기에는 두 가지 이유가 있다. 하나는 과학적 지식이 제공해야 하는 목적에 관련된 문제이고, 다른 하나는 과학적 지식체계를 발전시키는데 있어서의 효율성의 문제와 관련된다.

과학적 지식이 미래에 관해서 예측을 하도록 해 준다는 것은 적절한 표현이라고 생각된다. 그러나 만일 예측을 하는데 사용되는 진술 속의 개념들이 시간적으로 독립적이지 못하다면 이런 개념은 특정한 시간에 한정되기 마련이다. 만일 우리가 과학적 진술에 대한 확신을 가장 중요한 근거로 경험적 연구결과와 진술의 일치여부라고 가정한다면, 일시적인 현상에 한정된 어떤 진술은 과거의 일시적 현상에만 한정되기 마련이다. 왜냐하면 그 연구는 과거에 수행되었기 때문이다. 만일 진술이 과거의 어떤 시간에 한정된다면 그것은 미래의 상황에 적용될 수 없다. 결국, 일시적 상황의 구체적인 연구에 의해 지지된 과학적 진술은 과거에만 한정되기 마련이고 따라서 미래에 관해서 예측을 하는 데는 사용될 수 없다. 간단히 말해서 이런 진술은 과학의 모든 목적을 성취하기 위해 미래에 관한 예측을 할 수 없다.

추상성을 요구하는 두 번째 이유는 효율성이다. 과학적 개념이나 진술이 특정의 공간적 상황이나 독특한 공간에 한정되어서 발달되었다면, 어떤 다른 상황에서 예측하고 설명하는 데 사용될 수 없다. 만일 이러한 절차를 따르게 된다면 각기 다른 공간(또는 문화)은 각기 독특한 과학적 지식체계를 요구하게 될 것이다. 간략히 말하면, 이것은 비효율적인 절차이며 나아가 이러한 "부차적인 복잡성"이 없더라도 과학하는 일은 아주 어려운 일이다.

그러나 비록 개념이나 진술이 특별한 시간과 공간에 한정되어 있다 할지라도 그러한 현상(시·공간적 발생)을 설명하기 위해서는 상당한 노력이 경주된다는 것도 중요하다. 특별한 항공기 사건이나 어떤 지리적 현상, 그리고 많은 역사적 사건(특별선거의 결과 등)이 이러한 범주로 구분된다. 각 경우에서 사건은 역사적으로 특별한 위치와 공간에 한정되어 있다. 왜 두 비행기가 어떤 날짜에 뉴욕상공에서 충돌하는가? 왜 1969년 미국의 대통령 선거에서 닉슨이 험프리보다 더 많은 표를 얻었는가?

특정한 사건에 한정된 그런 설명을 역사적 설명(historial explanation)이라 부를 수 있다. 가장 완전하고 폭넓게 수용된 역사적 설명은 흥미 있는 유일한 사건을 설명하는 데 있어서 일반적인 과학적 지식을 이용한다. 만일 이러한 일반적 원리의 사용이 명료하게 된다면 아마 한정된 사건에 대한 성공적인 적용은 유효한 과학적 지식으로서 일반적 원리에 대한 확신감을 증가시킨다. 하지만 인간사회의 한정된 사건에 대한 많은 설명은 일반적 원리를 무시하거나 또는 일반적 원리를 명료하게 하고 특별한 사건의 흥미 면에 초점을 맞추는 데 실패하는 경향이 있다. 이것은 인간사회의 사건을 설명하는 데 일반적 원리의 사용을 빗나가게 할 뿐만 아니라 그런 설명은 과학적 지식체계의 발달을 막는 것이다. 왜냐하면 일반적 원리가 결코 명료하게 될 수 없기 때문이다(역사적 설명에 대한 또 다른 논의를 위해서는 Popper, 1957을 보라).

2) 상호합의성(의미에 관한)

"상호합의성(intesubjectivity)"은 관련 과학자들 간에, ① 어떤 개념에 의해 포괄되는(encompassed) 사건이나 현상, 그리고 ② 하나 또는 그 이상의 진술에 의해 실체가 밝혀지는 개념들 간의 관계성에 관한 "의견의 일치"를 의미한다.

"개념의 의미에 관한 상호합의성"이라는 말은 비교적 이해하기 쉽다. 만일 어떤 과학자가 "나무", "매체" 또는 "태도" 같은 용어를 사용하고 일반인들이 그 과학자가 내린 정의에 대해 합의한다면 그 개념에 관해 주체들 간의 동의(intersubjective agreement)가 존재하는 셈이다. 이것은 과학자가 새로운 개념을 가능한 한 명백하게 정의하려고 노력하고, ② 새로운 개념을 정의하는 데 사용되는 어떤 용어들에 대해 공통된 의견의 일치가 존재한다는 것을 확신하게 될 때 상호합의가 용이해진다.

3) 상호합의성(논리적 정치성에 관한)

개념들 간의 관계성에 관련된 상호합의성의 개념은 보다 더 복잡하다. 어떠한 진술도 최소한 두 개념 간의 관계를 서술해 준다. 개념들의 의미에 관한 공동의 합의를 가정하기 위해서는 하나의 진술 속에 구체화된 관계성에 관하여 공동의 합의가 존재하게 되는 조건들을 고려할 필요가 있다.

만일 하나의 진술만을 생각한다면 관계성의 본질에 관한 합의를 이루는 일은 별로 중요한 문제가 아니다. 그러나 여러 개의 진술이 존재할 때는 진술들을 다양하게 결합함으로써 여러 가지 예측과 설명을 할 수 있다. 만일 예측과 설명을 하기 위해 진술들을 어떻게 결합해야 하는가에 관한 합의가 없다면 일단의 진술체계를 통해 예측을 하기에는 너무나 복잡하여 과학자들 사이의 합의를 어렵게 하는 원인이 될 수 있다.

이러한 문제를 해결하기 위해서는 실체의 내용에 관계없이 진술들이 결합하여 갖게 되는 의미뿐만이 아니라 단일의 진술에서 표현되는 관계성을 구체화하기 위해 사용될 수 있는 논리적 체계를 가져야 한다. 이론의 내용에 관계없이 이러한 논리적 체계 속에서 이루어진 예측에 대해서는 공동의 합의가 있어야 한다. 다시 말하면, 서로 다른 현상을 다루는 다양한 이론에는 논리적 체계가 사용될 수 있다.

과학자들은 논리적 체계를 세우기 위해서 두 가지 대안을 갖는다. 첫째로, 과학자가 자신의 이론을 통해 논리적 체계를 개발한 다음 이들 체계를 다른 과학자들이 검토하도록 제시할 수 있다. 그러나 이것이 중요한 작업일지라도 자기 자신의 논리적 체계를 개발하고자 하는 의지나 능력이 있는 과학자는 별로 없다. 둘째로, 과학자는 다른 과학자들에 의해 개발되어 관련 과학자들이 이미 공유하고 있는 논리적 체계를 사용할 수 있다. 다행히도 과학의 세계에서는 사용할 수 있는 많은 일련의 논리적 체계가 있다. 수학(본질적으로 논리적 체계의 집합체), 상징논리학 그리고 컴퓨터 언어학은 다양한 분야에서 이용될 수 있다. 수학의 많은 논리적 체계들은 특정의 이론(일반적으로 자연과학)에 맞는 논리적 체계를 과학자들에게 제공한다는 구체적인 목표를 위해 개발되어 왔다.

진술 간이나 진술 내의 관계성에 대한 상호합의가 요구되는 이유는 간단하게 진술될 수 있다. 만일 과학자들이 진술들의 결합을 통해 도출되는 예측에 동의할 수 없다면, 진술들이 현상을 예측하거나 설명하기 위한 진술의 유용성에 관한 합의가 불가능하다. 만일 과학자들이 과학의 목적을 달성하기 위한 진술의 유용성에 동의할 수 없다면, 진술은 과학적 지식체계의 부분으로 받아들여질 수 없다.

진술들 간의 관계성에 관한 공통적 합의의 필수조건은 정치성

(rigor)의 필요를 나타내는 것이고 이것은 일반적으로 "논리적 정치성 (logical rigor)"을 의미하는 것이다.

4) 경험적 적절성

과학적 진술의 어떤 측면, 즉 예측과 설명을 객관적인 경험적 연구와 비교하는 문제는 경험적 적절성이라는 기준에 의해 이해될 수 있다. 이런 기준의 중요성을 이해하기 위해서는 하나의 사태를 지각하는 것(perceiving an event)과 이를 설명하는(explaining) 문제의 차이점을 고려해야 한다. 사태를 지각하는 것은 어떤 자연의 특정상태에 대한 감각적 경험을 하는 것이다. 반면 왜 어떤 사태가 다른 사태와 연합되는가 또는 어떤 사태의 원인이 무엇인가를 설명하는 것은 이론의 근본목적이다. 인간의 지각은 민감하고 섬세한 과정이므로 종종 미묘하고 의식하지 못한 요인들은 사람들 자신이 지각한 것을 생각하는 데 영향을 미칠 수 있다. 만약 어떤 사람이 하나의 이론을 제안을 했는데 그 이론을 뒷받침하는 유리한 증거자료가 단지 그 사람이 흥미를 갖는 그 현상에 대한 자신의 지각에 그친다면 현상에 대한 자신의 지각에 영향을 주는 것이 단지 그 이론에 대한 자신의 바램인지 아닌지 분명치 않다.

즉 이러한 이유 때문에 과학자는 특정의 이론과 객관적인 경험적 자료 간의 일치여부를 조사하는 것이 바람직하다. 그런데 중요한 요인은 그러한 검증의 가능성이 도달 가능한 것이냐의 문제이다. 왜냐하면 그러한 검증은 거의 좀처럼 시도되지 않았기 때문이다. 그러나 만일 이론과 이를 지지하는 경험적 증거가 적절한 형태로 상세히 제시된다면 다른 과학자들이 스스로 그 결과를 검증할 수 있다고 느낀다. 그리고 이것은 이론의 유용성에 대한 그들의 확신을 증가시킨다. 다시 말해서 대안을 고려하는 것이 효과적이다. 만일 다른 과학자들이 이론을 객관적 연구와 비교할 수 없다면 그것은 이론 창시자의 개인적 철학이 되므로 과학의 일부, 즉 공유된 지식체계의 부분이 될 수 없다.

5. 요약 및 결론

과학적 지식체계에서 개념과 진술이 적용되도록 촉진하는 특성은 다음과 같다.

① 특정의 시·공간과 독립적인 추상성.
② 상호합의성.
   a. 명료성－이용자들이 개념의 의미를 이해하도록 용어의 정선과 충분한 설명.
   b. 정치성(엄격한 논리)－이론의 예측과 설명에 관해 관련 과학자들이 공유하고 수용할 수 있는 논리적 체계를 사용.
③ 경험적 적절성－다른 과학자들이 이론과 경험적 연구 간의 일치성을 평가할 수 있다는 가능성이 항상 존재해야 한다.

개념이나 진술에 대한 최종적인 검증의 기준은 그것이 다른 과학자들에 의해 과학의 목적에 유용한 것으로 채택되느냐 하는 점이다. 즉 위의 속성은 만일 아이디어가 유용하지 않다면 그 형태가 옳을지라도 아이디어로 선택되어 사용될 가능성이 별로 없다.

서론에서는, 과학의 목적(개념의 분류체계, 설명, 예측, 원인이해력의 제공)과 과학적 지식의 몇 가지 바람직한 특성(추상성, 상호합의성, 그리고 경험적 적절성)을 제시하기 위해 과학적 지식체계에서 아이디어가 수용되는 과정에 대한 고려조건을 검토하였다. 다음 장에서는 이론을 개발하기 위해 계획하는 사람들의 관점에서, 이론구성(theory construction)에 대해 다른 방향에서 접근하였다. 제2, 3, 4, 5장은 이론이 어떻게 기술되는가를 설명하고자 한다. 구체적으로, 제2장에서는 현상에 대한 기본적인 아이디어나 개념화를 논의하고, 제3장에서는 개념에 대한 설명, 제4장에서는 진술(개념들 간의 관계나 존재를 기술하는 것)의 개발, 제5장에서는 진술의 체계로서의 이론의 조직에 관한 내용을 다룬다. 나머지 장은 폭넓은 문제를 강조하는데, 제6장은 이론의 검증에 초점을 두고, 제7장은 이론을 개발하기 위한 전략과 과학에서 가장 중요한 활동인 새로운 사상을 사람들이 생산하고자 하는 환경에 대한 몇 가지 논평을 논의하고, 제8장에서는 사회적·인간적 현상에 관한 과학을 발전시키기 위한 가능성에 대해 논의하면서 전체적인 결론을 내린다.

2. 아이디어

科學者들이 "새로운 이론"을 설명할 때는 언제나 그 현상에 대한 정의, 진술 그리고 진술(또는 이론) 간의 상호관계를 밝힘으로써, 개념화(conceptualization)－그 현상을 향한 지향(orientation)이나 관점(perspective)－의 방식을 취한다. 이것이 공식화된 이론의 토대를 형성한다. 다시 말해서 과학자는 어떤 새로운 아이디어가 떠오르면 명백한 정의와 진술을 통해서 그 아이디어를 다른 사람에게 설명하고자 한다. 종종 그러한 새로운 아이디어는 동일한 자료를 기술하는 방법 그 이상의 의미를 갖기도 한다. 말하자면 새로운 아이디어는 그 아이디어 창안자까지도 완벽하게는 인식할 수 없는 독특한 세계관(world view)이나 관점을 내포할 수 있다.

따라서 과학자들이 자신의 새로운 아이디어나 지향을 다른 과학자들과 함께 이해하는 용어로 정리하고 기술하기 위해서는 상당한 노력이 요구되지만, 반대로 새로운 지향이나 관점이 공식화된 이론(written theory)에 미치는 영향은 결정적이다. 왜냐하면 공식화된 이론은 새로운 지향이나 아이디어가 반영되어 나온 것이기 때문이다. 이 장의 목적은 몇 가지 새로운 아이디어의 형태를 설명하고, 비록 직관적이기는 하지만 지향이나 함의하는 바를 예증하고자 한다. 기본적으로 새로운 아이디어의 참신성은 그 아이디어가 소개되기 전에 지배적이었던 과거의 아이디어의 범위와 질을 이해함으로써 잘 평가될 수 있다. 새로운 아이디어를 참신성의 정도에 따라 각각 ① 쿤 패러다임, ② 패러다임, ③ 변형 패러다임으로 분류할 수 있다.

1. 쿤 패러다임

가장 혁신적인 아이디어의 형태를, "쿤(Kuhn) 패러다임"이라고 할 수 있다(T. S. Kuhn(1962)이 최초로 언급하였기 때문에 그렇게 명명된다). 쿤 패러다임은 다음과 같은 특징을 갖는다.

① 근본적으로 현상에 대한 새로운 개념화를 나타낸다.
② 그 패러다임을 뒷받침하는 데 필요한 경험적 증거를 수집하는데 있어서 새로운 연구전략이나 방법론적 절차를 제시한다.
③ 해결되어야 할 새로운 문제를 제시하는 경향이 있다.
④ 새로운 패러다임을 적용하면 대부분 그 이전의 패러다임으로는 설명이 불가능한 현상까지도 설명할 수 있다.

요약하면, 쿤 패러다임은 그 현상에 대한 유일하고 전례 없는 지향인 동시에 과거에서부터 존재해 온 지향과의 극적인 결별(break)을 할 뿐만 아니라 연구전략(새로운 연구 기법을 포함하는)에서의 중대한 변화를 포함한다. Kuhn은 이러한 패러다임을 "과학적 혁명"이라고 지칭한다.

Kuhn(1962)이 설명한 물리학과 생물학분야에서의 쿤 패러다임 중 두 가지 예를 들고자 한다. Newton 이전에는 물체의 낙하란 물체가 그 자체의 "본래적" 정지장소 즉 지구 표면을 향하는 것으로 설명되었다. 즉 사과가 나무에서 떨어질 때 사과는 사과의 본래적 정지장소를 찾아서 표면을 향해 떨어지게 된다고 생각하였다. 그러나 Newton은 동일한 현상을 설명하는 데 있어서 "두 물체 간의 상호인력"이라는 새로운 방법을 제시하였다. 즉 사과가 나무에서 떨어질 때 사과가 지구 표면에 의해 인력을 받을 뿐만 아니라 지구도 사과에 의해 인력을 받고 사과를 향해 움직인다는 것이다. 다만 부피의 차이 때문에 사과가

지구보다 더 움직일 뿐이다. 이러한 설명이 근소한 관점의 차이로 여겨질 수도 있지만 이 새로운 이론이 태양계(물체들의 부피가 거의 동일한)의 유성의 운동에 적용될 때는 극적으로 다른 지향을 포함하는 것으로, 이러한 새로운 지향이 완전히 적용되기까지는 몇 백 년이 흘러야 했다.

Darwin 이전에는, 생명체의 형태와 그것이 속하는 환경 간의 명백한 "조화"관계－생명체가 환경에 적응하는 양식을 언급해 주는－에 대한 지배적인 설명의 하나는 모든 생물체는 각 종족의 가장 이상적인 표본(specimens)을 만들려는 "기본계획(master plan)"(神이 계획하고 실행하는)의 일부라고 생각하였다. 그러나 Darwin은 이러한 조화관계는 두 가지 세속적인 과정(earthly process)－생명체의 미소한 형태적 차이는 세대 번식을 거치면서 자연적인 유전적 과정에 의해 계속 심화되며, 환경에 보다 적합한 생명체일수록 그렇지 않은 것보다 더 잘 생존하고 종족번식이 빠르다는 생명체의 경향성에 의해 설명될 수 있다고 제안하였다. 확실히 Darwin의 개념화는 과거의 견해와는 아주 다른 것이며, 오늘날까지도 보편적으로는 받아들여지지 않는 과학적 혁명이다.

사회과학에서는 쿤 패러다임의 잘 알려진 예를 찾아보기가 힘들다. 왜냐하면 사회과학자들 간에 어떤 현상에 대한 현존하는 패러다임이나 관점에 대한 합의가 덜 이루어지고 있기 때문이다. 사회에 대한 Marx의 개념, Weber나 Durkheim의 분석전략, 자아개념의 형성이나 유지에 관한 Cooley-Mead의 지향, 또는 Keynes의 산업경제체제모델들은 쿤 패러다임으로 불릴 수 있다. 그러나 그 중에서도 Freud의 인성이론이라는 하나의 개념화는 쿤 패러다임의 모든 특성을 갖는다. 여기에서 Freud의 아이디어를 간략히 제시하고 쿤 패러다임의 기준을 충족시키는 정도에 대해 논의하겠다.

예시 1

Freud의 인성이론[1]

Freud는 현실적이든 상상적(환상적)이든 모든 인간의 감각인식 (sensory impression)과 행동에는 원인이 있다고 가정한다. Freud는 인 간의 행동과 감각인식을 설명해 줄 수 있는 개인의 인성에 대한 단일의 통합된 개념화를 발전시키는 것을 목적으로 하였다(실제 Freud는 이를 발견하고 있다고 생각하였다).

1. 본능과 에너지

Freud는 모든 인간은 반드시 충족되어야만 하는 몇 가지의 생리적 본 능 또는 욕구를 갖고 있다고 생각한다. 그러나 일단 어떤 욕구가 충족 되어도 그것은 다음과 같은 계속적인 순환과정으로 계속 반복된다.

욕구분출 → 긴장증가 → 욕구충족 → 긴장감소 → 욕구분출 → 등

이들 욕구와 마찬가지로 생리체제 역시 이들 욕구충족에 필요한 에너 지를 제공한다(정신과정의 작용에 요구되는 에너지 - 심리에너지 - 를 포 함한다).

모든 욕구는 두 가지 방식으로 충족될 수 있다. 하나는 실제적으로 원하는 목표를 달성하는 것(예컨대, 배고픈 사람이 음식을 먹는 경우)이 고, 또 다른 하나는 원하는 목표에 대한 이미지를 떠올리는 것(예컨대, 배고픈 사람이 음식에 대한 환상을 갖는 경우)이다. 호흡, 음식, 배설과 같은 대부분의 기본적인 생리적 욕구는 반드시 충족되어야 하기 때문에 사람들은 이들 욕구를 아주 유사한 방법으로 충족시키는 경향이 있다. 그러므로 이들 생리적 욕구가 개인 또는 개인의 인성에 영향을 주는 방 법에는 별 차이가 없다.

그러나 두 가지 다른 욕구 즉 성과 공격성("죽음의 충동"을 반영하

---

1) 이 내용은 Blum(1966), Hall과 Lindzey(1957) 그리고 Rapaport(1951) 등이 제시 한 세 가지의 서로 다른 자료에 근거하였다.

는)은 여러 가지 방법으로 충족될 수 있으며 실제 이들 욕구를 충족시키는 방법은 사람들마다 상당히 다르다. 인성발달은 사람이 일반적으로 그 사회가 인정하는 방향으로 이들 두 가지 욕구를 충족시키는 방법을 학습하는 과정으로 생각할 수 있다.

2. 인성의 구조

Freud는 정신과정을 두 가지 방법으로 분류한다. 첫째는 의식적 사고(또는 과정)와 무의식적 사고(또는 과정)를 구분하는 것이다. 정신활동의 80~90% 이상은 무의식적인 과정으로 간주될 수 있으며 정상적인 방법으로는 관찰될 수 없다.

둘째는 이드(id), 자아(ego), 초자아(superego)라는 세 가지 체제로 분류하는 것이다. 전적으로 무의식인 이드는 모든 욕구와 심리적 에너지의 근원으로 간주된다. 다른 체제 즉 자아와 초자아는 이드의 욕구나 충동을 실제적 또는 상상적 지각을 통하여 충족하는 데 필요하다. 주로 의식적 체제인 초자아는 사회의 전통적 가치와 이상을 표현하는 것으로, 일차적으로 자신의 부모에 의해 사회화의 과정에서 그 개인에게 전달된다. 초자아의 주 목적은 사회적 규준에 따라 이드의 욕구를 충족시키도록 행동을 유도하는 것이다. 이들로부터 나오는 자아는 초자아가 용납할 수 있는 방향으로 현실적으로나 상상적인 방법으로 이들의 욕구를 충족시키려고 시도하는 집행자이다. 자아는 현실과 꿈(환상)을 분간할 수 있는 능력을 갖고 있는 것으로 간주된다. 그러나 이드는 이 양자를 분간할 수 없다.

3. 인성발달

인성발달은 초자아가 수긍할 수 있는(그래서 사회에서 인정되는) 방법으로든 아니면 환상을 통해서든, 이드의 욕구를 충족시키는 방법을 발견하는 "학습경험"으로 간주된다. 즉 인성발달은 일차적으로 구강기, 항문기, 성기기까지에 해당되는 5세 이전에 이루어지는 것으로 생각된다. 이들 단계 중에 부적절한 양육훈련을 받으면 구강기·항문기·성기기적 인성형태를 갖는 "불건강한(unhealthy)" 성인이 되는 반면, 적절한 양육훈련을 받으면 생식기적(genital)인 성형태를 갖는 "건강한" 성인이 된다.

4. 연구절차

Freud는 대부분의 정신활동을 무의식적인 것으로 보았기 때문에 무의식의 과정을 관찰할 수 있도록 해 주는 연구절차를 사용하였다. 그가 가장 널리 사용한 두 가지 기법은 "자유연상(free association)"과 "꿈의 분석"이다. 자유연상은 인간 자신에게 떠오르는 순서대로 무엇이든지간에 화제로 삼아 말을 하는 것이고, 꿈의 분석은 자신의 꿈과 환상을 묘사하는 것이다. Freud는 자신을 찾아오는 환자들로부터 이에 대한 많은 양의 자료를 수집하고 수집된 자료들을 상호간에 내적으로 일관성이 있으면서 또한 인성구조에 대한 자신의 견해와 일치하도록 재구성하고는 하였다. Freud의 목적은 환자들의 꿈, 환상, 의식적 지각 그리고 행동에 이르기까지 이 모든 것을 하나로 연결시키는 환자의 정신활동을 통합적이고 논리적으로 조직하는 것이었다. 이러한 연구방법상의 심오성은 아마추어적 심리분석가나 심리분석이론에 관한 일반적(대중매체적) 해석과는 차원이 다른 바탕에 기초한 해석이다.

예시②

Heider의 균형이론

Heider(1946:1958)는 균형적 인지체제(balanced cognitive system)를 추구하려는 경향성의 관점에서, 인간의 인지조직(cognitive organization)을 고찰하는 것이 유용할 수 있다고 제안한 최초의 사람이다. 개인의 정신구조를 전체적으로 이해하고 설명하려는 Freud의 이론과는 달리 Heider는 타인이나 다른 대상에 대한 개인의 태도(긍정적이든 부정적이든)와 이들 인지 간의 관계성에 대한 그 개인의 지각에 초점을 두고 작은 부분들이 분석의 대상이 되어야 한다고 주장하였다.

예를 들어 피터(Peter)의 인지구조를 생각해 보자. 피터의 인지구조는 세 가지 대상 즉 자기 자신, 다른 사람인 오스카, 그리고 실로폰이라는 물건으로 구성된다. 이들 대상 간의 세 가지 인지관계 즉 오스카에 대한 피터의 태도, 실로폰에 대한 피터의 태도, 그리고 오스카가 실로폰에 대해 갖는 태도에 대한 피터의 지각 등이 피터의 인지구조를 완성시킨다. 만일 이들 관계성의 각각이 긍정적이거나 부정적인 것 중의 어느 하나로 나누어진다면, 피터는 여덟 가지 형태의 인지구조 중 어느 하나를 갖게 될 것이다(<그림 2-1> 참조).

　　Heider의 연구절차는 이들 여덟 가지 인지구조 각각을 검토하고, 자신이 철수의 입장에 처해 있다고 가정하여 각각에 대한 자신의 반응이 불쾌한지(uncomfortable) 또는 유쾌한지(comfortable)를 생각하는 것이다. Heider가 "균형된"구조라고 명명한 것은 "불균형된" 구조라고 명명한 것보다 지각자가 편안하다고 느끼는 것이다. 그러므로 Heider는 만일 어떤 사람이 "불균형된 인지구조"를 갖게 될 경우 불균형상태의 심리적 긴장을 경험할 것이라고 제안하였다. 그러므로 사람들은 자신의 인지구조의 어떤 측면을 변화(예를 들어 태도나 지각의 변화)시킴으로써, 이러한 불쾌한 긴장상태를 회피할 방도를 취해야 한다. 그러나 대부분의 경우 인지구조를 평형시키기 위해서는 여러 가지 변화를 시도할 수 있는데, Heider는 단지 변화가 일어나도 여러 대안 중의 어떤 것도 실제적으로는 불균형을 감소시키지 못한다고 제안하였다(Heider의 원논문에 대한 철저한 분석을 위해서는 Berger 등, 1962를 보라).

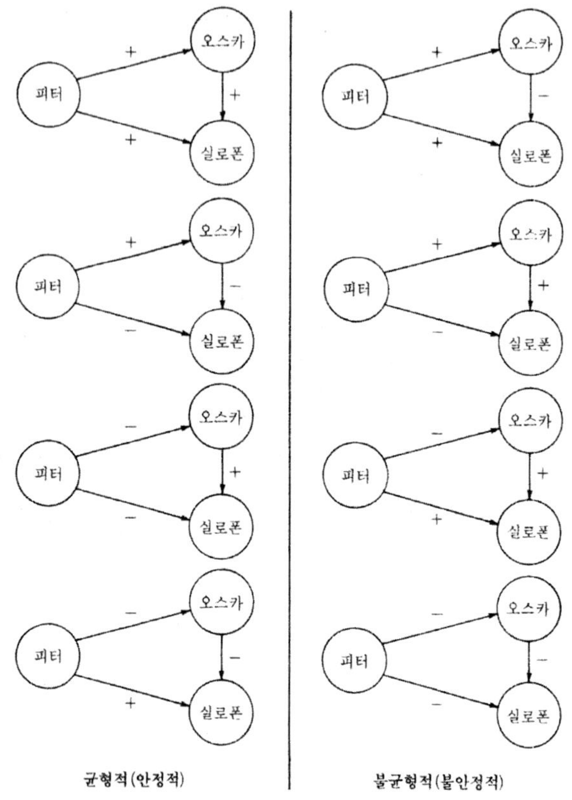

<그림 2-1> 피터가 가질 수 있는 모든 인지구조

Freud가 제안한 인간의 인성에 관한 설명과 심리분석에 관련된 연구기법들은 그의 이론이 쿤 패러다임이 되도록 하는 데 아무 손색이 없는 것으로 보인다. 첫째, 인성에 대한 Freud의 재개념화(reconcepualization) 특히 유아기 성욕의 개념을 포함하는 무의식적 정신활동의 중요성과 그것의 작용은 과거의 설명체계에서 극적인 전환을 나타낸 것이다. 둘째, 새로운 연구방법과 치료기법은 Freud이론의 전개·검증·적용에 아주 결정적이다. 셋째, Freud의 이론은 과거에는

별로 중요시되지 않았던 꿈, 환상, 상상적 감각인식의 중요성을 설명하려는 근사한(noble) 시도이다. 마지막으로 심리역동적(psychodynamic) 또는 Freud적 이론들은 해결되어야 할 많은 문제, 특히 유아의 사회화와 성인의 인간성 간의 관계에 대한 문제점을 제기하였다.

2. 패러다임

새로운 지향이 과거의 지향으로부터의 전환의 정도가 덜 혁신적일 때―예를 들어 Newton, Darwin 또는 Freud의 지향보다―이는 패러다임으로 임명될 수 있다. 패러다임은 다음과 같은 특징을 갖는다.

① 새로운 개념화는 그 현상에 대한 독특한 설명을 제시한다. 그러나 거기에는 혁신적인 새로운 지향이나 세계관은 없다.
② 새로운 연구전략이 제시될지라도 혁신적으로 새로운 절차나 방법은 없다.
③ 새로운 개념화는 새로운 연구문제를 제시할 수 있다.
④ 새로운 개념화는 과거에 설명할 수 없었던 사건을 설명 가능하게 해 준다.

기본적으로 패러다임과 쿤 패러다임은 혁신의 정도에서 차이가 있다. 쿤 패러다임이 어떤 현상에 대한 과거의 지향에서 극적인 전환을 나타내는 반면, 패러다임은 한정된 지향의 변화를 나타내므로 과학적 혁명이라고 보기는 어렵다.

사회과학에서 대부분의 "이론" 또는 "지향"들은 패러다임으로 간주될 수 있다. 다음에 제시하는 예들이 패러다임에 속할 수 있다. 즉 인지균형이론, 사회교환이론, 효용성 이론, 지위구조의 다원적 개념, 지위구조의 엘리트적 개념, Weber의 목적 지향적 기계 체제로서의 관료제의 개념, Barnard의 생존지향적 사회체제로서의 조직의 개념, 자극—반응 학습이론, 인지과정의 정보처리모델, 구조—기능 전략 등이다.

이상에서 두 가지를 자세히 언급하였다.

지금까지 설명한 Heider의 이론은 패러다임의 모든 기준을 충족시킨다.

첫째, 한 개인의 인지구조의 하위부분을 분석하는 것이 효과적이라는 Heider의 설명은 확실히 인간의 인지현상에 대한 독특한 견해를 제시한다. 대부분의 패러다임이 그런 것처럼 Heider의 패러다임은 새로운 현상인 인지구조를 사실적으로 정의해 준다. 그러나 Heider의 연구에 앞서 이 분야에 대한 연구를 형태심리학자의 전통에 속하는 독일의 다른 학자(Lewin, 1936)들이 수행하였다. 그러므로 Heider의 지향은 "과학적 혁명" 또는 쿤 패러다임과 관련하여 볼 때 과거의 아이디어에서의 극적인 전환을 나타내지는 못하였다.

둘째, 그러나 Heider의 패러다임은 인지구조 나아가 인지구조의 균형 또는 불균형 정도를 규명하기 위한 새로운 연구전략을 제시한다.

셋째, Heider의 개념화는 새로운 연구문제를 제기한다. 즉 불균형의 인지구조가 인간의 행위에 어떻게 영향을 미치는가? 균형을 유지하기 위해서 불균형 상태의 인지구조는 어떻게 변화하는가? Heider의 패러다임이 과거에 설명되지 못한 현상을 설명할 수 있는가는 명확하지 않다. 모든 패러다임, 쿤 패러다임조차도 현존하는 문제에 대한 혁신적인 해결책을 제시할 수 없다. 그러나 Heider의 아이디어는 패러다임의 기본요소를 포함하고 있다.

예시 ③

지위구조의 다원적 개념 對 엘리트적 개념

일반적으로 사회체제는 교육 정도, 직업, 수입, 피부색깔 등에서 서로 다른 개인들로 구성된다고 생각할 수 있다. 사회체제를 설명할 때, 개개 구성원들은 그 사회체제 내에서 그들의 지위구조(status structure)—지위, 명망도 그리고 타인에 대한 영향력 등—가 서로 다르다는 것을 전제하는 것은 유용하다고 생각되어 왔다. 사회체제에서의 "지위(그리고 권력)—관련 현상"을 이해하고 설명하는 데에는 대개 지위구조의 본질에 대한 두 가지 서로 다른 개념이 적용되어 왔다. 두 가지 개념 모두 개인에 따른 지위와 권력의 차이를 측정하기 위해 서로 직업의 형태와 같은 개인적 특성에서의 차이를 측정하는 것을 포함한다. 그러나 그 두 가지 개념은 이들 특성이 사회체제의 한 가지 특성인 지위구조를 구분하는 데 어떻게 적용되는가의 방법 면에서는 서로 다른 견해를 갖는다.

1. 엘리트적 견해: 단일체계의 사회계급으로서의 지위구조

이러한 개념화에서는 개인의 지위를 결정하는 모든 요소들은 서로 정적으로 관련되어 있는 것으로 생각한다. 예를 들어 아주 높은 가치가 있는 특성들은 함께 작용하는(occur together)것으로, 사회체제란 계층적으로 배열될 수 있는 일단의 집단이나 계급으로 볼 수 있다(<그림 2-2>와 참조). "보다 높은" 계급에 속하는 사람들은 보다 좋은 직업을 갖고 경제계에서 보다 많은 영향력을 행사하며 보다 많은 교육과 수입을 받고 더 많은 정치적 영향력을 발휘하며 인종적 등급(ethnic rank)이 높은 반면, "보다 낮은" 계급에 속하는 사람들은 나쁜 직업을 갖고 경제계에 미치는 영향력이 적으며 교육과 수입의 정도가 낮고 정치적 영향력이 약하며 인종적 등급이 낮은 것으로 이해될 수 있다. "중위" 계급의 사람들은 모든 특성의 중간(intermediate)에 위치하는 것으로 볼 수 있다.

이러한 견해에 입각하여, 사회과학자들은 개인의 계급상의 이동경향, 그리고 각 사회계급의 상대적 크기뿐만 아니라 경계영역(location of the boundary)에 대한 문제를 제기하게 된다. 만일 많은 사람들이 서로 일

치하지 않는 일단의 특성(즉 교육의 정도는 높은데 수입은 낮거나 반대
로 교육의 정도는 낮은데 정치적 영향력은 강하게 행사함)들을 갖고 있
는 것으로 연구결과가 나타난다면 이러한 설명체계는, 일시적 이상현상
(temporary aberration)으로 간주되고 결국 이러한 현상은 사라져 개인
에게 맞는 적정의 계급에 속하게 되고 그 사회체제는 안정되게 된다.
그러나 많은 사람들이 "상층계급"은 전체사회체제(그것이 대도시이든
국가이든)에 대해 정치적 통제력을 갖고 있는 소수의 "엘리트"로 구성
된다고 주장하였기 때문에, 이것을 대개 지위 구조의 "엘리트적"개념이
라고 지칭한다. 지위구조에 대해 이러한 개념을 사용하는 가장 유명한
연구 활동의 하나는 어떤 사회체제에서 "엘리트집단" 또는 "엘리트계
급"은 그 체제 내에서 권력이나 영향력을 독점하는 사람으로 규정하는
것이다.

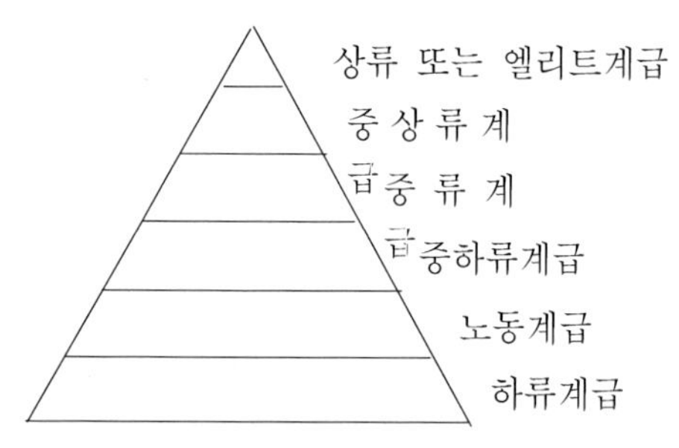

엘리트적 지위 개념의 사회적 계급

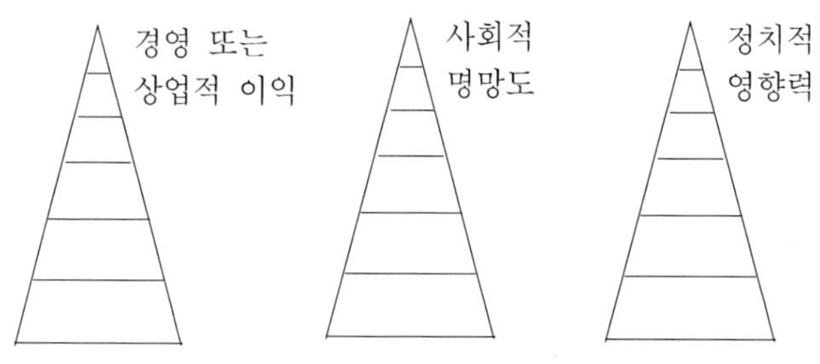

독립적 계층 또는 다원적 개념

<그림 2-2> 지위구조의 두 가지 개념

2. 다원적 구조: 일단의 독립된 계층으로서의 지위구조

이 개념화에서는 각각의 차원을 명성과 영향력의 정도가 서로 독립적인 것으로 보고 있기 때문에 개인들은 두 가지 또는 그 이상의 특성에서 완전히 별개의 위치(rank)에 놓일 수 있다. 즉 어떤 사람은 "정치적 영향력"의 정도는 높을 수 있지만 상대적으로 "경제계에서의 영향력"은 낮을 수 있다. 지위구조에 관한 이러한 개념화는 영향력 차원이나 권력 중심(power center)은 "다수"이거나 "다원성(plurality)"임을 가정하기 때문에 종종 지위구조의 다원적 견해(plularistic conception)라고 불린다.

지위구조에 관한 다원적 개념을 적용하여 사회과학자들은 개인 수입이나 교육에서의 높은 순위가 정치적 영향력과 같은 다른 차원에서의 높은 순위로 어떻게 전이되는가에 초점을 두는 경향이 있다. 또한 개인이 여러 계층에서 서로 다른 위치를 정하는 데에 있어서 무엇이 영향을 미치는가에 주의를 기울인다. 즉 교육의 정도는 높은데 수입은 낮은 경우와 같은 지위의 불일치(status inconsistency) 문제에 관심을 갖는다.

아마도 다원적 현상에 가장 직접적으로 관련된 연구문제는 상업, 교육, 복지, 공공 등 각 분야에서 누가 결정을 내리고 권력을 행사하는가를 규명하려는 시도이다.

지위구조에 대한 두 가지 견해는 서로 다른 지향을 나타내고 서로 다른 형태의 현상을 설명하며 서로 다른 연구문제를 제시한다. 나아가 서로 다른 형태의 연구방법을 제시한다(엘리트적 견해는 각각의 사회계급을 규명하기 위해 시도하는 것이 필요한 일이며 최상층 또는 엘리트계급이 인기가 있다고 주장한다. 반면 다원적 견해는 사람들은 여러 영역-정치, 경제, 교육 등-에서 그들의 지위나 영향력이 서로 다르다고 제안한다). 이러한 개별적인 예에서 다원적 패러다임이 인정을 받아왔다고 생각하는 데는 이유가 있다. 왜냐하면 엘리트적 패러다임과 상치되는 자료들이 수집되었기 때문이다. 그런 경우 기존 패러다임의 부적합성 때문에 새로운 패러다임이 인정을 받는다. 그러나 물리학에서 현재까지도 빛에 대한 두 가지 개념, 즉 파동설이나 미립자설이 공존하는 것처럼 현재에는 엘리트적 패러다임이나 다원적 패러다임 모두 지위구조 연구에 유용한 것으로 생각된다.

패러다임으로 논의되고 제안된 각각의 예들(쿤 패러다임과 패러다임)은 어떤 현상을 개념화하고 설명하는 서로 다른 방법을 제공한다. 그것들은 사회과학의 내용을 이해하고 설명하는 데 아주 중요하다. 패러다임은 단지 정도에 있어서 쿤 패러다임과 다르다. 다시 말해서 앞의 예에서처럼 패러다임들은 "과학적 혁명"보다는 덜 혁신적인 지향을 제공하였다. 사회과학에서 대부분의 활동은 패러다임에 의해 발생된 이슈나 문제와 관련된다. 즉 각각은 연구프로젝트가 지속되는 동안에 사회과학자들이 포착한 것이다.

3. 변형 패러다임

패러다임이나 쿤 패러다임의 수준에서 개념화나 지향이 제안되고 나면 거기에는 조금 불명료하거나 구체적이지 못한 세부사항이나 핵심사항(refinements)이 있기 마련이다. 흔히 원래의 개념화에서 약간의 상이한 변형(variation)을 가하는, 즉 패러다임의 세부사항을 명료화하는 데는 여러 가지 대안이 있다. 이처럼 패러다임 또는 쿤 패러다임이 약간 수정된 것을 "변형 패러다임(paradigm variations)"이라 부르는데 이는 세부 사항의 세련 또는 강조점의 수정을 제시하는 것이지 원래의 패러다임과 관련된 현상에 대한 기본적인 개념화의 변화를 의미하는 것은 아니다.

사회과학에서 변형 패러다임의 예는 거의 무한하다. 왜냐하면 사회과학의 모든 책이나 논문은 현존하는 패러다임의 새로운 변형을 제시하는 것이기 때문이다. 그러나 어떤 패러다임의 변형은 다른 것들에 비해 잘 알려진 것이 있다. 여기서는 이에 대한 두 가지 예로 ① Freud 의 원래 개념화에 근거하여 변형된 심리·역동적 인성이론과 ② Heider의 개념화를 확대한 인지균형 또는 변형된 인지일치모델 (cognitive consistency model)을 제시하고자 한다.

예시 ④

Freud적 인성이론의 변형

Freud의 개념화에 대한 많은 변형이 등장하였다. 여기서는 그중에서 보다 유명한 몇 가지를 간략히 설명한다(Blum, 1966, pp.13~21에서 인용). 이러한 모든 패러다임의 변형에서 부각된 것이 행동과 감각인식 에 대한 영향으로서의 무의식적 정신활동의 중요성이다.

*Alfred Adler*는 성인행동의 대부분은 열등감에 대한 반작용에 의해 잘 설명될 수 있다고 주장한다. 유아들은 자기부모에 비해 신체가 작거 나 무력하기 때문에 어떤 어린이든 당연히 열등감이 형성된다. 모든 상 인은 자신의 주위환경을 지배하고 이에 영향력을 행사하려고 시도함으 로써 이러한 어릴 때의 열등감을 보상하려 한다.

*Carl June*은 무의식적 과정은 개인적인(인간의 개인적 경험을 반영하 는) 것과 집합적인("문화적"인 개념과 주제를 반영하는) 것으로 분류된 다고 제안한다. 그는 또한 사람들은 그들이 강조하는 기본적인 심리기 능(사고, 감정, 이성 또는 직관) 또는 세상에 대한 기본적 태도(외향적 또는 내향적)에 의해 효과적으로 분류될 수 있다고 주장한다.

*Otto Rank*는 사람의 삶의 목적은 태내에서 최초로 경험한 만족감을 다시 만끽하는 것뿐만 아니라 개성(individuality)을 성취하는 것이라고 주장한다. 출생의 고통에 대한 기억과 태내에서의 분리 등 모든 분리는 위협으로 간주된다.

모든 사람은 "충동"을 창조적으로 통제하여 활용하도록 하는 자아 (self)와 의지의 긍정적이고 건설적인 측면을 갖고 있는 것으로 생각한

다. 부모들에 의한 초기 사회화에 입각해 "의지의 충동"은 정상적인 성
인, 신경질적인 성인, 또는 창조적인 성인을 만든다.

다음의 신-프로이드론자들(neo-Freudians)은 인성발달에 미치는 문화
적 영향을 보다 강하게 강조한다.

*Karen Horney*는 아동들은 사람을 향하거나, 대항하거나, 또는 회피함
으로써 자신의 초기 환경에 대처할 수 있다고 주장한다. 아동이 사용하
는 전략에 따라서 성인이 되어 불평등, 공격적, 또는 소원적(detached)
형태의 인성을 갖는다.

*Erich Fromm*은 Freud가 인간은 자기 자신이 아니면 타인 중 하나를
강렬하게 사랑할 수는 있어도 자신과 타인을 동시에 사랑하지는 못한다
고 주장하는 것과는 대조적으로, 인간이 자신을 더 사랑하면 할수록 타
인을 사랑하는 능력이 더 증대될 것이라고 제안한다. Fromm은 또한 의
식을 외부적 권위의 내면화된 소리(voice)인 "권위적 의식"과 자기관심
과 자기완성에 대한 개인의 실제 감정인 "인본적 의식"으로 구분한다.
아동의 사회화과정에서 지배적인 가정 분위기에 따라서 성인의 성격특
성은 수용적(receptive), 이기적, 수전적(hoarding), 거래적(marketing),
생산적이 될 것이다.

*Harry Stack Sullivan*은 타인을 통제하고자 하는 "권력동기"는 출생
부터 시작하여 인간의 내적 무력감을 보상하기 위한 것이라고 주장한다.
인간은 성장함에 따라, 왜곡에서 자유로운 경험의 결합(syntaxic)방법을
성취할 때까지 경험의 원형과 동형(prototaxic and parataxic)방법을 경
험한다.

*Heinz Hartman*과 *Ernst kris, Rudolph Loeuenstein, Erik Erikson*을
포함하여 또 다른 정신분석학자들은 id의 깊은 무의식적 과정에 관심을
두는 것으로부터 벗어나 자율적이고 독립적인 정신과정의 체계로서의
자아의 기능을 증대하는 데로 강조점을 변형시켰다.

이러한 변형은 ① 모든 행동에는 원인이 있음을 고려하고, ② 행동
과 모든 감각적 인식(현실적이든 상상적이든)을 동일한 개념화에 의해
설명하고자 하며, ③ 일반적으로 무의식적 정신과정과 무의식적 욕구

가 중요하다고 생각하며, ① 성인의 인성발달에서 초기 유아기의 경험은 성인의 인성발달에 중요하다고 생각하는 것으로, **Freud**의 원래 개념화의 모든 부분을 포함한다. 이러한 설명들은 **Freud**의 원래 패러다임과 중요한 특징들을 같이하기 때문에 변형된 패러다임이라고 간주될 수 있다.

예시 ⑤

Heider의 균형이론의 변형

Heider의 패러다임을 변형한 네 가지 예를 설명하겠다. 그 외의 예들은 Secord와 Backman(1964. p.110)을 보면 알 수 있다.

1. Osgood과 Tannenbaum(1955)

이들은 Heider가 제시한 많은 것들 중에서 한 가지 특수한 형태의 상황에 초점을 두었다. 그들은 예로서 "두 사람과 하나의 상황"을 갖는 인지구조를 선정하였다. 여기서 한 사람은 연구하고자 하는 인지구조를 갖고 있는 바로 그 사람인데 이를 피터(Peter)라고 지칭한다. 또 한 사람은 피터에게 잘 알려진 의견 또는 태도의 근원으로 신문기자, 정치인, 유명한 지식인 또는 어떤 유사한 실체일 수 있다. 이를 정보원(source)이라고 지칭한다. 또한 피터가 긍정적이든 부정적이든 태도를 갖게 되는 어떤 주제를 쟁점(issue)이라고 한다. 태도를 긍정적 또는 부정적, 호의적 또는 비호의적으로 나누는 Heider의 분류체계와는 달리, Osgood과 Tannenbaum은 태도를 -3에서 +3까지 일곱 가지 차원으로 나눈다. 이렇게 보다 정확한 태도의 측정은 그들이 여러 가지 상황 중 단지 하나에 초점을 둠으로써 얻어진다.

Osgood과 Tannenbaum은, 만약에 부조화 또는 불균형된 인지구조가 발생할 때 일어날 수 있는 태도상의 변화를 측정할 수 있는 상황에 관심을 갖는다. 그들은 실제로 실험상황에서 불균형 또는 부조화된 인지구조를 만들어 냈다. 세 가지 모형으로 나타난 절차는 다음과 같다.

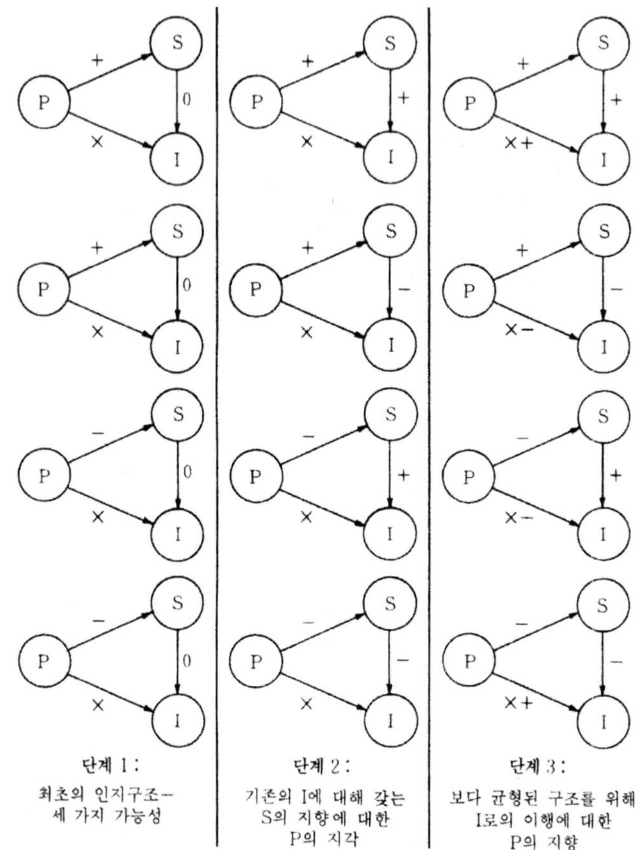

<그림 2-3>보다 균형된 인지구조를 이루기 위한
네 가지 태도변화의 예

P=피터, S=정보원, I=쟁점
+=긍정적, -=부정적, 0=미지
×+=긍정적변화, ×-=부정적 변화

단계 1: 피터가 중립적인 태도를 갖는 쟁점을 선정한다. 피터가 긍
정적으로든 부정적으로든 지향하게 되는 (의견의) 정보원을
선정하라.
단계 2: 피터에게 정보원은 쟁점에 대하여 긍정적 또는 부정적 의

        견 중 하나를 갖고 있다고 알려주어라. 그럼으로써 만일 피터가 그 실험자를 믿게 될 때 부조화된(불균형된) 인지구조를 창출할 수 있도록.

단계 3: 피터가 조화된 또는 균형된 인지구조를 가질 것이라고 가정하면 그 화제와 정보원을 향한 피터의 태도 측정(부호)은 태도의 변화를 나타낸다.

<그림 2-3>의 세 단계로 나타난 조화된 인지구조는 <그림 2-1>의 균형된 인지구조와 비교될 수 있다.

이것은 이러한 특수한 세 가지 경우로 된 Osgood과 Tannenbaum의 공식으로 분석될 수 있는 하나의 상황만을 나타낸다. 그들은 태도의 정도를 연구하고, 각각은 긍정적에서 부정적이라는 양극단적이라기보다는 태도의 정도상의 변화(예컨대, -1에서 2)를 다루기 때문에 수많은 다른 상황이 가능하다.

2. Rosenberg(1956)

Rosenberg도 Heider와 동일한 방식으로 그 개인의 관점으로부터 인지구조에 관심을 갖는다. 그러나 그는 다양한 형태의 인지에 초점을 둔다. Heider는 모든 형태의 인지를 똑같이 중요하게 여기지만 Rosenberg는 인지형태를 두 가지 그룹으로 나눈다.

첫 번째 그룹은 그 개인이 아주 강력한 지향을 갖거나 또는 긍정적이든 부정적이든 영향을 미치고 그 개인이 삶 속에서 중요한 목적 또는 바람직한 생활사태로 여기는 가치, 인지그룹이다. 두 번째 그룹은 그 개인이 긍정적 또는 부정적 지향을 가질 수 있으나 가치만큼 중요하지는 않은(예컨대, 공산당원들에게 공개적으로 말하거나 포드 자동차를 가질 수 있도록 허용하는 등) 인지로서의 대상(objects)그룹이다.

Rosenberg는 다음으로 인간이 어떻게 그의 인지구조 내에서 대상과 가치의 관계성을 지각하는가를 고려한다. 그는 사람은 두 가지 형태의 대상과 가치의 관계를 지각할 수 있다고 주장한다. Rosenberg가 도구성(instrumentality)이라고 부르는 한 가지 관계는 가치를 성취하기 위해서 그 대상이 도구적이거나 또는 유용하거나 아니면 그 대상에 대한 부정적인 지향이 비호의적인 가치의 실현을 억제하는 데 도움을 줄 것인가의 문제이다. 두 번째 관계성은 적절성(relevance)으로, 그 대상이 호의적이든 비호의적이든 중요한 가치실현에 적절한 것으로 간주될 수 있는 정도를 말한다. 다시 말해서 그 대상이 어떤 방식으로 그 가치와 관련이 있느냐이다.

Rosenberg는 인지구조는 균형을 이루는 경향이 있다는 개념을 적용하는 한편, 그 구조 내에서의 인지들 간의 관계를 기술하는 새로운 방법을 생각한다. 예를 들어 어떤 사람이 자신의 가장 중요한 가치 중의 하나가 "강렬한 애국자가 되는 것"이라고 생각한다면, 아마 그는 공산당원들이 대중들에게 연설하도록 허락하는 것이 ① "애국적인 면에서" 아주 적절하고, ② "애국적인데" 결정적이라고 지각할 수도 있을 것이다. 그러므로 그 사람은 "공산당원들이 대중들에게 연설하도록 허용하는 것"에 대한 부정적인 태도를 가질 것으로 기대된다. 반면에 어떤 사람이(동일한 사람일지라도) "재미있는 일을 하도록 하는 것"의 가치에 대한 긍정적인 지향을 갖게 된다면, 그는"공산당원들이 대중들에게 연설하도록 하는" 대상(object)을 "재미있는 일을 하도록 하는 것"에 적절하든가 또는 수단적으로 볼 수 없을 것이다. 그러므로 "재미있는 일"이라는 대상에 대한 태도와 체계적으로 관계된다고 기대할 사람은 없다.

Rosenberg의 변형된 패러다임은 Heider의 원 개념화의 몇 가지 중요한 특성을 그대로 갖고 있다. 그는 인지구조를 개인의 관점에서 보며 인지에 대한 긍정적·부정적 지향을 모두 강조한다. 나아가 그는 인지구조의 어떤 형태 즉 균형된 인지구조만을 안정적인 것으로 보고, 또 연구자에 의해 확인 가능할 것이라고 가정한다.

3. 인지 부조화(Festinger, 1957)

또한 인지와 인지들 간의 관계에 대해 Heider의 개념과 약간 다른 개념이 있다. 그것은 인지는 단순히 어떤 사람, 대상 또는 가치이기보다는 보다 추상적으로 간주되며 많은 특성이 있는 것으로 간주된다. 예를 들어 "유럽여행"이라는 인지는 두 달을 보내기에는 흥미로운 방법이며 영원히 친구들과 추억을 공감할 경험이라는 긍정적인 특성을 가질 수도 있다. 그러나 이것은 또한 호화스러운 차를 사는 경우와 같다. 돈을 다

른 용도에 쓰지 못하거나 또는 돈의 사용에 있어 부정적인 특성을 내포
할 수도 있다. 긍정적이고 부정적인 이들 모든 특성은 "유럽여행"이라
는 인지의 부분으로 간주된다.

둘 또는 그 이상의 인지는 서로간의 "심리적 논리(Psychological
Logical)"의 관계성에 비추어 고찰될 수 있다. 이러한 심리적 논리의 관
계성은 문화적으로 정의된 어떤 종류의 인지들이 함께 "어울릴(fit)"—서
로 연합되는—것에 대한 아이디어들의 결합(set of ideas)이다. 실제적인
"심리적 논리"의 관계성이 인지부조화 문헌에서 명백히 상술되지는 않
을지라도 이것은 다음과 같은 세 가지 상태를 수반하는 것으로 간주될
수 있다.

① 조화(consonance): 심리적 논리에 "함께 어울리는" 둘 또는 그
　　　　　　　이상의 인지.
② 부조화(dissonance): "심리적 논리"에 따라 함께 어울리지 않는
　　　　　　　둘 또는 그 이상의 인지.
③ 부적절성(irrelevance): 심리적 논리에 따라 서로 아무런 관계가
　　　　　　　없는 둘 또는 그 이상의 인지.

기본적인 가정은 둘 또는 그 이상의 인지가 함께 어울린다면, 그것들
은 조화될 것이고 만약에 조화롭지 못하거나 부적절성일 경우는 부조화
될 것이라는 것이다. 부조화된 인지(dissonant cognition)는 불편하게 간
주될 것이고 심리적 긴장의 원인이 될 것이다. 이러한 긴장을 감소시키
기 위해서는, 자신의 인지구조를 변화시키기 위해 그리고 인지 간의 부
조화를 감소 또는 제거시키기 위해 여러 가지 행위를 취할 수 있다. 개
인이 자신의 인지구조를 변화시키는 한 가지 방법은 현실에서의 어떤
사태에 대한 자신의 지각(perception)을 변화시키는 것이다.

예를 들어 어떤 사람이 중요한 물건을 사기 위한 결정(예컨대, 자가용
구입)을 생각하고 있다면, 그는 물건을 사기에 앞서 서로 다른 X차와 Y차
를 고려할 수 있으나 각각에 대한 마음의 유혹은 거의 동일할 것이다. 그
러나 유명상품 중 하나를 구입한 후에는 여러 가지 중요한 인지들 간의 조
화를 이루어야 한다. 즉, "나는 합리적인 소비자야 그래서 많은 장점이 있

는 상품을 구입했어", "나는 X상품을 소유한 거야", "X상품과 Y상품은 똑같이 마음이 끌려"이다. 만약 이 세 가지 인지들이 "심리적 논리"에 따라 "비논리적"으로 간주된다면, 그 사람은 인지 부조화의 상태에 처할 것이고 마음이 불편한 심리적 긴장을 경험할 것이다. 이러한 긴장을 줄이기 위해서 이 사람은 "X상품과 Y상품은 똑같이 마음이 끌려"라는 인지를 "X상품은 Y상품보다 훨씬 더 매력적이야"로 변경시킴으로써 인지들 간의 부조화를 감소시킬 수 있다. 이는 X상품의 이점(경제성이나 유지의 간편성)을 바람직한 것으로 강조하고 Y상품의 이점(추진력, 속도, 스타일)을 바람직하지 못하다고 깎아내림으로써 가능하다. 그 사람은 "X상품은 Y상품보다 훨씬 더 매력적이야"라고 스스로를 확인시키기 위한 행동을 취할 수 있다(Ehrlich et al., 1953을 보라).

4. Newcomb(1953)

Newcomb은 Heider의 패러다임과 약간 다른 상황에 주의를 기울인다. 그는 두 명의 행위자 A와 B 그리고 대상 X로 된 체계에 주의를 기울이나 인지분석에서 두 명의 행위자 간의 사회적 관계성을 포함한다. 그는 한 사람의 인지구조의 조직에 관심을 집중하는 대신 두 사람 간의 실제적 관계성을 다룬다.

기본적인 사회적 체제는 <그림2-4>의 중간에 나타나며 네 가지의 관계성, 즉 X에 대한 A의 태도, X에 대한 B의 태도, B에 대한 A의 태도, A에 대한 B의 태도를 밝혀 준다. 만약 A와 B에 의해 정확히 지각된다면 대칭된 사회적 체제는 균형된 인지구조를 가져온다는 것을 주의하라(<그림 2-1>의 모형의 균형적 인지구조와 비교하라). 비대칭된 사회적 체제의 두 가지 예를 제시하였다. 그것들은 행위자 A와 B의 입장에서 만약 그 행위자들이 관계성을 정확히 지각한다면 Newcomb의 변형 패러다임은 인지에서의 변화보다는 비대칭사회제제에서 행위자 A와 B 간의 행위에 초점을 둔다는 점에서 특이하다. Newcomb은 만약 비대칭체제가 있다면 그 행위자들은 X에 대한 그들의 태도에 의견일치를 하기 위해서 대상 X에 대한 그들의 태도를 토의할 수 있을 것이다. 예를 들어 어떤 사람(여기서 A)이 그들이 서로를 아주 좋아한다(A가 B를 좋아한다)는 것을 알고, 상대방이 그를 좋아한다고 지각하고(B가 A를 좋아

하는 것을 A가 지각한다), 차를 좋아하며(A가 X를 좋아한다), 상대방이
스포츠 차를 싫어한다고 지각한다면(B가 X를 싫어한다고 A가 지각한
다), Newcomb의 공식은 그 사람이 다른 사람과 "의사소통하고" 있다는
것을 제시하는 것이다. A는 스포츠 차 X에 대한 B의 견해를 바꾸기 위
한 시도로 B에게 말을 할 것이다. 만약 상대방(B)이 동일한 형식으로
상황을 지각한다면 그도 스포츠 차 X에 대한 A의 견해를 바꾸는 시도
로 A에게 "의사소통" 할 수 있다. A의 솔직한 논의는 보장되어야 한다.
Newcomb은 이 공식을 "의사소통 행위이론(A Theory of Communicative
Acts)"이라고 부른 것은 이런 이유 때문이다.

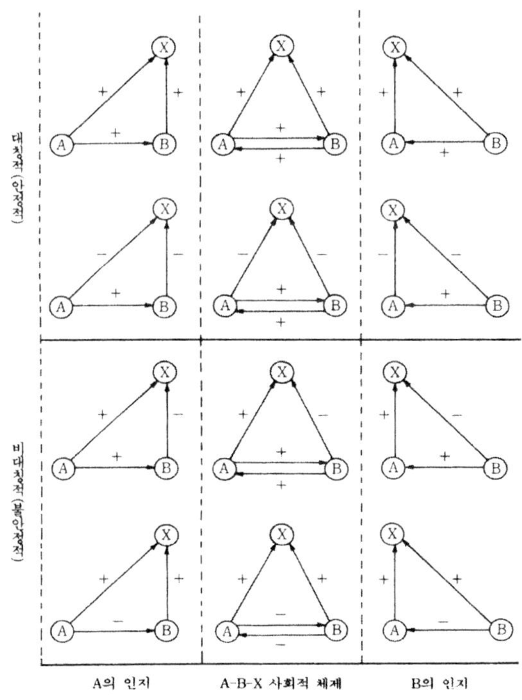

<그림 2-4> A－B－X 사회적 체계와 구성원의
인지: 네 가지 예(1953년 Newcomb 이후)

Heider의 원래 패러다임에 대한 네 가지 변형을 논의하였다. 그것들은 모두 "균형된" 인지구조는 불균형되고 불일치하며 부조화된 인지구조보다 바람직스러우며 "긴장"을 덜 일으킨다는 가정뿐만이 아니라 어느 한 개인의 인지구조에 대해 완전하거나 또는 부분적인 초점을 든다. 비록 이 이론들이 불균형된 인지구조에 대한 서로 다른 반응책—태도에서의 변화, 인지조직에서의 변화, 또는 행동에서의 변화—을 강조한다 할지라도, 이들 모든 변형 패러다임에서 Heider의 패러다임의 기본적인 개념화를 반영하고 있다.

4. 제 패러다임 확인

기존의 개념화나 지향이 주요 패러다임이냐, 쿤 패러다임이냐 아니면 그 밖의 것이냐를 결정하는 것은 가능할지라도, 많은 새로운 아이디어가 하나의 새로운 주요 패러다임이 될 것인가를 결정하기란 아주 어려운 일이다. 변형 패러다임은 그 실체를 밝히기가 쉽다. 왜냐하면 각주나 참고문헌에 나타나는 기존 패러다임과 직접적이고 명백한 관계성이 있고 지향의 유사성이 높기 때문이다.

새로운 패러다임의 수용(acceptance)이 늦어지는 것은 두 가지 이유 때문이다. 첫째, 기존의 과학적 용어는 언제나 현상에 대한 기존의 개념화와 관련된다. 따라서 개념화의 변화가 혁신적일수록 기존의 용어의 일부가 아닌 새로운 "개념"을 기술하는 것이 보다 어렵다. 둘째, 학문의 세계에서 어떤 패러다임을 적용하는 과정은 확연히 드러나지 않으며 서서히 이루어진다. 다시 말해서 쿤 패러다임(주요 과학적 혁명)

은 몇 백 년이 지나도 완전히 수용되지 않을 수도 있다. 새로운 패러다임을 개발한 사람들이 죽기 전에 그들의 아이디어가 학문의 세계에서 완전히 적용되는 것을 보지 못하는 것은 불행한 일이다.

사실, 혁신적으로 새로운 어떤 쿤 패러다임이나 주요 과학적 혁명이 처음 소개될 때는 종종 많은 회의와 반대에 부딪치게 되는 많은 증거가 있다(Barber, 1961). 그러나 이는 회의와 반대에 직면한 모든 아이디어들이 결국에는 과학적 혁명을 가져온다는 것을 의미하는 것으로 해석되어서는 안된다. 이것은 많은 수의 새로운 아이디어들 중에서 기존의 패러다임을 전혀 개선시키지 못하는 것과 결국에는 유용한 것으로 증명될 소수의 새로운 아이디어를 구분하는 데 있어서 학문의 세계가 갖고 있는 어려움을 보다 잘 나타내는 것이다.

다시 말해서 "현실계(real world)"의 현상에 대한 새롭고 근본적인 개념화가 계속적으로 제안될지라도, 이들 중 단지 소수만이 결국에는 과학의 목적에 유용한 과학적 혁명이나 새로운 패러다임을 만들어 낸다.

5. 결론

공식적 記述(formal description) 또는 어떤 "이론"은 단지 아이디어를 묘사하기 위한 시도이다. 따라서 그 아이디어가 공식적이든 그렇지 않든, 그것은 어떤 이론의 중요한 특징이다. 그러나 이론이 개념화를 반영한다 할지라도 그 개념화가 명백하게 설명되지 않으면 다른 과학자들은 이를 이해할 수 없으며 적용할 수도 없다. 불행하게도 어떤 아이디어를 과학적인 면에서 유용한 형태로 기술하기 위해서는 그 아이디어가 결국 유용한(또는 좋은) 것으로 밝혀져 적용되든 아니면 유용하지 못해서(또는 나쁜) 거부되든 간에 많은 노력이 요구된다.

이 장에서는 다양한 형태의 새로운 아이디어를 설명하고 그것들의 참신성의 정도와 과학에 미치는 영향력에 따라 분류한 후 "개념화", "지향", 또는 "패러다임"의 개념에 대한 직관적인 이해를 제공하고자 하였다. 이 책의 나머지 장에서는 이론의 여러 부분들에 대해 초점을 두고 그러한 기술을 하가 위해 거쳐야 할 단계를 제시한 후 과학자들은 어떻게 이론을 평가하고 이를 적용할 것인가에 대해 논의한다.

3. 개 념

이 장에서는 개념과 관련된 네 가지 문제 즉 ① 개념의 정의, ② 抽象的 槪念과 具體的 槪念의 차이, ③ 이론적 진술에서 사용되는 추상개념과 구체적인 상황(모든 경험적 연구 상황)에서 추상적인 개념을 측정하기 위해 사용되는 절차로서의 操作的 定義(operational definition), 그리고 ④ 이론적 개념과 조작적 정의의 量化(quantfication)에 대해 논의하고자 한다.

과학적 지식의 목적을 개념의 분류체계, 설명, 예측 그리고 원인이해력을 제공하기 위한 것으로 가정한다면, 첫 번째 목적인 분류체계는 개념적으로도 달성될 수 있다. 그러나 나머지 세 가지 목표(설명, 예측, 원인이해력)는 과학적 개념을 함축하는 진술(statements)에 의해 달성될 수 있다. 그러므로 대부분의 과학의 목적을 달성하기 위해 사용되는 개념은 진술(내에서 사용)과 분리되어 판단될 수 없다. 바꾸어 말하면 개념의 科學的 價値는 그 개념을 포함하고 있는 진술의 과학적 효용성에 의해서 판단될 수 있다. 그러나 개념은 개념기술의 명료성(clarity)에 의해 평가될 수 있는데, 그 명료성은 그 개념을 사용하는 사람들 간의 개념의 의미에 대한 의견의 일치 정도에 의하여 측정된다.

1. 개념의 정의[1]

자기의 아이디어를 다른 사람과 공유하고자 하는 사람들은 어떻게든 자기의 아이디어를 전달해야만 한다. 과학적 메시지를 주고받는,

---

1) 경험과학에서의 개념의 정의에 관한 보다 더 완벽한 논의를 필요로 하는 사람은 Hempel(1952)을 보라.

일반적인 유일한 수단은 문자언어―그 문자언어가 자연적(natural) 언어이든 아니면 수학과 같은 인공적(artificial) 언어든(그 외의 다른 언어는 과학자의 한 세대에서 다음 세대로 정확하게 전달되기 어렵다)―를 사용하는 것이다. 그러므로 여기에서 중요한 문제는 개념을 표현하는 데 사용되는 상징의 의미에 대하여 송신자와 수신자가 동의하도록 하는 일이다.

자연적 언어이든 인공적 언어이든 언어에서 사용되는 상징(symbols) 또는 용어에는 두 가지 형태가 있다. 첫째는 일차적 상징(primitive symbol)인데 이는 그 의미에 관해서는 사람들 간에 공통의 합의가 있으나 다른 상징이나 용어를 사용해서는 기술될 수 없는 상징을 말한다. 둘째는 파생적(명명적) 상징(derived, nominal symbol) 또는 용어인데, 이는 일차적 용어들을 사용하여 기술될 수 있는 것들이다.

다음의 예를 통해 알아보면,

一次的 用語(Primitive terms, 사용자들 간의 "의미의 공유" 존재)

X	개인	목표지향
Y	상호작용	사회체제
+(숫자로	둘 이상	공식화된
나타낸 조작)	규칙적으로	규칙과 절차

派生(命名)的 用語(derived, nominal terms, 일차적 용어들로 정의)

Z＝X＋Y	집단: 규칙적으로 상 호작용하는 둘 이상 의 개인들	공식조직: 공식화된 규 칙과 절차가 있는 목표 지향적인 사회체제

파생적 용어(Z, "집단", "공식조직")나 일차적 용어로 구성된 파생 용어의 정의는 동일한 개념을 표현한다. 파생용어를 사용하는 주요 이점은 파생용어의 정의를 구성해 주는 일단의 單語群(the set of words)

을 사용하는 것보다 더 효율적이고 적은 노력을 필요로 한다는 점이다. 다시 말해서 파생용어의 정의를 알면 파생용어를 사용하지 않고 대신 그 정의를 항상 이용할 수 있다. 사회과학에서 계속 제기되는 하나의 문제가 있는데 그것은 원래 단어를 처음 만들어낸 사람이 심사숙고하여 정의를 내린 단어에다 종종 다른 사람들이 의미를 첨가하는 경향이 있다는 점이다. 특히 그 단어가 다른 개념으로 사용되는 경우에는 창안자가 의도하지 않은 이 첨가된 의미는 진술의 의미를 극적으로 변질시켜 놓을 수 있다. 이 문제에 대한 한 가지 해결방법은 어떤 개념을 지칭하기 위한 추상적 개념이나 고안된 단어, 심지어는 라틴어나 그리스어의 구절을 사용하는 것이다. 그러나 이런 용어들은 읽기 어렵고, 의미가 단조롭고 추상적이라고 비판을 받는 경우가 많다. 그 용어를 접하는 독자가 그 용어의 解釋에 주의를 기울이지 않고 동시에 흥미롭다고 주장하는 한 이 문제에 대한 해결책은 없다.

일차적 용어는 언어의 다른 상징으로 정의될 수 없는 용어이기 때문에 다른 사람에게 의미를 전달하기는 더 어렵다. 궁극적으로 이런 일차적 용어의 의미는 각 용어에 해당하는 개념의 "보기(example)"와 "보기에 속하지 않는 것"을 제시함으로써만 전달될 수 있다. 이렇게 될 때 "용어의 창안자(writer)"는 "讀者"에게 기술할 수는 없지만 단지 일차적 용어로 명명될 수 있는 感覺的 印象(그림, 소리, 냄새, 맛 등)을 경험할 수 있는 기회를 제공하는 셈이다.

예를 들면, 특정의 색깔이나 소리, 개인 간의 관계성은 쉽게 기술될 수는 없지만 그 색깔이나 소리, 관계성으로 이름을 붙인 감각을 다른 사람이 경험하도록 해 주는 절차를 제공해 줄 수는 있다. "메스꺼움(butterlies in my stomach)"이라는 용어는 그 의미가 쉽게 전달되지 않는다. 그러나 급회전하는 활주차를 처음 타본 사람이나 "위속의 나비"와 같은 빠른 속도로 내려가는 승강기를 타본 사람들이 느끼는 불쾌한 감정을 묘사하면 이런(메스꺼움) 경험을 해본 사람들에게 그 용어의 의미에 일치된 생각을 가질 수 있도록 해 준다. 아마 가장 좋은 예는 "섹시한 여자"라는 개념이다. 어떤 말로 섹시한 여자의 특성을 설명하거나 計量的 지표로 "측정"하기는 어렵지만 "섹시"한 여자에 해당하는 사람과 해당되지 않는 사람을 지적할 수는 있다.

요약하자면, 일차적 용어를 "정의하고" 모든 사용자가 그 용어를 동일한 개념과 관련짓도록 하는 유일한 방법은 그 개념으로 정의된 感覺的 印象을 경험할 수 있도록, 개념의 보기와 그 개념이 아닌 보기를 지적하는 방법이다. 예를 들면 제2장에서 "패러다임"이라는 개념을 알려 주기 위하여 여러 형태의 패러다임을 제시한 경우와 같다.

일차적 용어는 대개 공통된 인상(shared impression)과 직접적으로 관련되기 때문에, 그것들은 동일한 경험을 해본 많은 사람들에 의해서 결정된다. 즉, 동일한 현상을 연구하는 과학자들은 흔히 유사한 경험을 하게 되고, 그래서 다른 사람(과학자이든 비과학자이든)이 공유하지 못하는 유사한 인상을 갖는다. 그러므로 이것이 과학자 집단으로 하여금 동일한 현상을 연구하지 않는 다른 과학자 또는 과학자가 아닌 사람들은 이들 용어를 별로 익숙하게 느끼지 못하는 반면, 어떤 일차적 용어의 의미에 동의하도록 해줄 수 있다. 이것이 바로 相互合意性(intersubjectivity)이 일반적인 모든 사람들 간의 동의성을 의미하는 게 아니라 해당되는 관련 과학자들 사이의 합의를 지칭하는 이유이다. 그러나 경험과 인상, 마침내는 일차적 용어까지도 공유할 수 있는 가능성은 항상 존재하는 것이다. 바꾸어 말하면 적절한 훈련을 받은 사람은 누구나 이들 특별한 경험을 공유할 수 있어야 하고 그럼으로써 일차적 용어의 의미를 이해할 수 있어야 한다.

이제 두 가지 형태의 정의, 즉 "辭典的 定義(dictionary definition)"와 實際的 定義(real definition)에 대하여 언급하겠다. "辭典的 定義"

는 근본적으로 自然的(natural) 言語로 된 용어(또는 단어)가 가리키는 개념을 기술한다. 더 생각해 보면, 사전적 정의는 循環的(circular)이라는 사실을 쉽게 발견할 수 있다. 즉 한 낱말을 찾으면 두 번째 낱말에 이르게 되고, 두 번째 낱말을 찾으면 세 번째 낱말에 이르게 되며, 이 세 번째 낱말은 다시 첫 번째 낱말에 되돌아오게 된다. 그 이유는 사전은 자연적 언어로 된 일차용어 이상으로 外顯的일 수 없고 궁극적으로 독자들은 일차용어를 이해한다고 가정해야 하기 때문이다. 우리가 사전을 펴보면 거기에 많은 그림이 들어 있는 것을 발견하게 되는 데 이것은 단어로는 전달할 수 없는, 또는 적어도 효율적으로 전달할 수 없는, 감각적 인상(이 경우는 시간)을 독자에게 제공하려는 시도의 증거이다.

"實際的 定義"는 하나의 대상이나 현상의 실제적 "本質"이나 실제적 "特性"을 기술하는 정의이다. 이런 형태의 정의는 대상이나 현상을 발견될 수 있고 따라서 기술될 수 있는 어떤 실제적 속성(real property)을 가지고 있다고 가정한다. 보다 최근의 접근은 관찰자들이 발견해야 할 어떤 특성은 숨겨진 실재 속에 존재하는 것이 아니라, 대상들이나 현상에 그 특성을 부여한다고 가정하는 것이다. 결과적으로 실제적 정의는 눈으로 쉽게 볼 수 있는 것은 아니다.

결론적으로, 개념을 진술하는데 사용되는 과학적 용어의 가장 중요한 특징은 그 개념의 본질에 관한 합의, 그것의 의미에 대한 同意의 정도이다. 파생용어는 관련 과학자들이 공유하는 개념인데 일차용어로 구성되어 있다. 어떤 용어의 의미에 대한 독자들 간의 동의를 얻어 내는 일이 그 정의의 사실적 형태보다 더 중요하다.

2. 추상적 개념 대 구체적 개념

"추상적"이라는 말은 개념들이 갖는 서로 다른 두 가지 종류의 특성을 가리킨다. 가장 흔히 지칭되는 것은 추상적 개념(abstract concepts)과 구체적 개념(concrete concepts)을 비교하는 것이다. 추상적 개념은 전적으로 특정의 시간이나 장소와 독립된 개념이다. 바꾸어 말하면 추상적 개념은 어떤 특정의 공간적(위치), 시간적(역사적 시간) 상황에 얽매이지 않는다. 만일 어떤 개념이 특정의 시간이나 장소에 국한된다면 이 개념은 구체적 개념으로 간주된다.2) <표 3-1>은 추상적 개념과 구체적 개념의 예이다. 각 예마다 추상적 개념의 의미에 속하는 구체적 개념의 의미를 제시하였다. 즉 구체적 사건은 추상적 개념의 보기가 된다.

<표 3-1> 추상적 개념과 구체적 개념의 예

抽象的 槪念	具體的 槪念	差異－구체적 개념은:
온도	태양의 온도	위치에 있어서 구체적이다.
	1867년 6월 6일의 지구의 온도	위치와 역사적 시간에 있어서 구체적이다.
3일	1967. 12. 4. 1967. 12. 6.	역사적 시간에 있어서 구체적이다
태도	철수가 대통령에 대하여 생각하는 것	특정개인에게 구체적이다.
	대통령이 철수에 대하여 생각하는 것	
사회체계	미국, 현대자동차 회사	특정의 사회체제에 관련된다.
對面集團	종수, 철수, 병태, 병무, 정수의 가족	사람들의 특정집단이다.

2) 어떤 사람(Popper, 1957)은 구체적 개념이나 진술을 언급하면서 "단일의 사건에 적용함(applicable to a single instance)"이라는 말을 "단수(singular)"라는 단어로 줄이고, 추상적 개념이나 진술을 언급하면서 "보편적으로 적용할 만한 (universally applicable)"이라는 말을 "보편적(universal)"이라는 단어로 줄인다.

하나의 진술은 기본적으로 둘 이상의 개념들의 관계성을 기술해 놓은 것이다. 관계란 언제나 어떤 내용과는 독립적·추상적인 것으로 간주되기 때문에 어떤 진술의 "추상수준"은 개념의 "추상수준"에 달려 있다. 즉 개념이 추상적이면 진술도 추상적이다.

抽象性(abstractness)이라는 말은 몇 가지 의미를 갖고 있다. 그 중에서 한 가지 의미(시간과 공간과의 독립)에 대해서는 이미 앞에서 언급되었다. 두 개념이 시간적 공간적으로 독립적이면 하나의 진술은 다른 어떤 진술보다 더 추상적일 것이다. 만일 하나의 개념이 다른 개념의 의미 속에 포함된다면 두 번째 개념이 보다 추상적인 것으로 간주된다. 예를 들면 타인지향의 정서적 성향에 해당하는 "센티멘트(sentiment)"라는 개념과 타인에 대한 긍정적 감정을 나타내는 "좋아함(liking)"이라는 개념에 대하여 생각 해 보기로 한다. "센티멘트"라는 개념 속에는 "좋아함(사랑, 존경, 감탄 등과 함께)"이라는 개념이 포함되는 것으로 생각된다. 여기서 "센티멘트"라는 말은 "좋아함"이라는 의미를 포함하고 있기 때문에 더 추상적인 개념이다.

하나의 개념이 역시 추상적일 수 있는가? 물론 그럴 수 있다. 예를 들어 다시 "센티멘트"라는 개념에 대하여 생각해 보기로 한다. 사랑, 존경, 좋아함, 존중(esteem)이라는 말은 모두 여러 가지 다른 형태의 "센티멘트"로 간주된다. "좋아함"과 "사랑"이라는 말은 일반적으로 正的(+)으로 관련될 수 있거나(똑같은 사람을 좋아하고 사랑함), 또는 정적으로 관련되지 않을 수도 있는(좋아는 하지만 사랑하지는 않는 사람) 것이 사실이라 하더라도 이것은 否的(−)으로 관련되어 있다(좋아하지도 않고 사랑하지도 않는 사람)고는 할 수 없을 것이다. 반대로 한 사람을 싫어하면서(disliked) 존경한다면 이 두 가지 태도는 부적으로 관련될 것이다. 이런 경우 "싫어함"은 부적이고 "존경함"은 정적이기 때문에 첫째 사람과 둘째 사람 사이에 어떤 "센티멘트"가 존재하는지 알아내기는 어렵다. "센티멘트"라는 이론적 개념 속에는 너무나 많은 의미가 들어 있고, 너무나 추상적이어서 그 "센티멘트"의 실체를 결정하는 데 혼란이 따를 수 있다.

차라리 추상성은 이론적 개념이 지나치게 추상적인지 또는 지나치게 광범한지를 결정하는 직접적인 기준이 된다고 볼 수 있다. 그러나 이러한 기준은 다음에 논의하게 될 "조작적 정의"를 어떻게 이해하느냐에 따라 다르다. 간단히 말해서 조작적 정의(operational definition)란 어떤 개념이 과연 특정상황에서 존재하게 되는지를 결정하도록 해주는 "조작"을 기술해 주는, 특정 시간과 공간(또는 추상)에 한정되지 않은 일단의 例示(instruction)이다.

일반적으로 이론적 개념은 조작적 정의보다 추상적인 것으로서 여러 가지 조작적 정의가 한 가지 이론적 개념의 지표(indicators)가 될 수 있다.

> 이론적 개념: 어떤 이론의 일부이거나 또는 잠재적으로 어떤 이론의 포함(inclusion)에 유용한 것으로 간주되는 조작적 정의 또는 측정절차보다 복잡한 개념.

이 정의는 "센티멘트", "좋아함", "존경" 등은 측정절차보다 더 복잡하기 때문에 이론적 개념으로서 충분하다는 것을 의미한다.

이론적 개념의 예를 밝혀 주는 일단의 첫 번째 예시가 그 개념을 밝혀 주는 일단의 두 번째 예시의 결과와 일치되지 않을 때 그 이론적 개념은 지나치게 추상적인 것으로 간주될 수 있다. 이론적 개념의 예시들이 서로가 정적으로 상관이 있을 필요는 없으나 부적으로 상관되어서는 안된다. 만일 부적인 상관이 나타난다면 그 개념을 언제 사용할 것인지를 규명하기 어렵다.

이론적 개념의 실례를 밝히는 과정에서 그 실례의 불일치 현상이 나타난다면 이는 조작적 정의 아니면 이론적 개념 중 어느 하나에 그 원인이 있을 것이다. 만일 이론적 개념에 문제가 있다고 생각되면 조작적 정의들 중의 어떤 것이 그 개념에 의해 설명되는 事象의 실재를 나타내는 지표로 간주되지 않도록 이론적 개념을 다시 정의할 수 있다. 아니면 이론적 개념을 두 개의 이론적 개념으로 구분해서 그 각각을 일치되지 않는 조작적 정의의 하나에 관련시킬 수 있다.

요약하면, 이론적 개념은 구체적이어서는 안된다.3) 다시 말해서 이론적 개념은 특정의 공간이나 일시적 상황에만 관계되어서는 안되고 그 개념의 실례를 밝혀 주는 데 혼란을 줄 만큼 너무 추상적이어서도 안된다. 이론적 개념의 가장 유용한 추상성의 수준을 결정하는 일은 주로 판단(judgement)의 문제이다. 이론적 개념의 유용성에 관한 경험적 증거가 축적됨에 따라 추상성의 "적정수준"이 어디까지인가를 결정하는 일이 보다 쉬워진다.

3. 개념의 측정

과학적 진술이 가져야 하는 중요한 특징의 하나는 경험적 적절성 (empirical relevance)이다. 다시 말해서 과학적 진술은 어떤 현상과 비

---

3) Willer와 Webster(1970)는 사회과학은 지나치게 구체적인 수준에서 이론적인 개념들을 사용함으로써 사회현상에 관련된 경험적 증거와 축적을 방해하는 지체현상을 겪어왔다고 주장하였다. 다양한 상황에서 얻어진 결과는 그 결과들이 추상적 수준에서도 유사한가를 밝혀주기는 어려운 것으로 보고된다. 그들은 연구결과는 공통적인 일단의 이론적 개념들을 사용하는 보다 추상적인 수준에서 보고된다고 주장한다. 바로 이 때문에 사회과학자들이 모든 현상을 기술하는 데 유용한 것으로 인정하는 이론적 개념을 개발하는 일이 명료하게 설명될 수 없다.

교될 수 있어야 한다. 진술의 비교는 일반적으로 구체적 상황에 맞는 이론적 개념의 예시를 제시함으로써 이루어진다. 그러나 일단의 진술이나 이론에 포함된 모든 개념이 측정 가능해야 할 필요는 없다. 예컨대, 그 누구도 원자나 전자를 실제적으로 관찰할 수는 없다. 관찰되는 것은 원자나 전자의 영향 때문에 생기는 효과이다. 구체적 상황에서 직접 관찰될 수 없는 이론적 개념을 "假說的 構成槪念(hypothetical constructs)"이라고 부른다(MacCorquodale and Meehl, 1948).

구체적 상황에서 이론적 개념의 실체를 밝혀 주는 예시를 제공하기 위해서는 특수한 형태의 정의가 고안된다. 이를 조작적 정의라고 부르며 다음과 같이 정의할 수 있다.

조작적 정의: 이론적 개념의 실체와 그 실체의 정도를 나타내 주는 감각적 인식(semsory impression, 소리, 시각 또는 촉각)을 얻기 위해서, 관찰자가 수행해야만 하는 활동을 기술하는 일단의 절차.

조작적 정의는 서로 다른 구체적인 상황이나 시간에서 적용될 수 있도록 시간과 공간과는 독립적이며 추상적이어야 한다.

예를 들어 신경이나 긴장의 정서상태인 개인적 "불안"은 다음의 세 가지 중 한 가지 방법으로 측정할 수 있을 것이다.

① 전문적 관찰자, 예를 들어 임상심리자들에게 불안의 정도에 관한 판단을 내리도록 한다.
② 혈압, 호흡의 수 또는 땀샘의 활동과 같은 생리체제의 활동의 측정치를 수집한다.
③ 개인에게 질문지를 주고 반응형태를 연구한다("방이 답답하게 느껴지느냐"라는 질문에 대해 "예"라고 답하는 경우 "아니오"라고 답하는 것보다 더 많은 불안의 지수를 나타내는 것으로 생각할 수 있다).

이러한 각각의 절차는 불안이라는 이론적 개념에 관계가 있는 것으로 정의될 수 있으며 다양한 상황에서 불안을 측정하기 위해 사용될 수 있다. 이들 각각의 절차는 개인이 여러 가지 불안의 수준(전문적 관찰자의 평정, 생리적 특성에 관련된 눈금판이나 차트에서의 수치에 대한 개인의 반응)과 관련된 감각을 습득하기 위해 무엇을 해야 하는가를 상세화해 준다.

또 다른 예로는 대면적 토의집단에서의 지위계층이나 권력 그리고 명망도를 밝히는 문제일 것이다. 결코 지위계층을 직접적으로 측정할 수 없을지라도 많은 절차들이 지위 계층의 개념과 관계될 수 있으며, 다음과 같은 절차들이 특정의 집단 내에서의 지위계층을 규명하는 데 사용될 수 있을 것이다.

① 대화주도(행위의 주도)와 정도에 비추어 본 집단구성원들의 지위서열 (rank order).
② 대화대상(행위의 주목) 정도에 비추어 본 집단구성원들의 지위서열.
③ 전문적 관찰자가 판정한 집단 내의 권력과 명망의 관점에서 본 집단구성원의 지위서열.
④ 집단구성원들이 지각한 집단의 과업에 대한 공헌이나 영향력의 관점에서 본 모든 집단구성원의 평균 지위서열.
⑤ 구성원들에게 어떤 문제에 대해 개인적으로 결정을 내리도록 허용하고 나아가 동시에 집단으로 하여금 "집단적 결정"을 내리도록 한다. 개인의 결정이 집단결정에 어느 정도 밀접히 근접하느냐에 따라 집단구성원을 서열지운다(집단결정과 개인의 사적인 결정이 접근하면 할수록 집단결정에 대한 개인의 영향력이 증대하며 그 집단에서의 권력도 커진다).

다시 말해서 이러한 모든 절차는 지위계층이라는 이론적 개념의 여러 측면에 관계된 것이며, 연구자가 이론적 개념에 관계된 감각적 인식을 어떻게 습득할 것인가를 가르쳐 준다.

앞에서의 지위계층과 예에서처럼 이론적 개념이 복잡할 때는, 다섯 가지 방법과 같이 많은 조작적 정의를 동일한 이론적 개념에 관계시킬 수 있다. 그러나 여기서 제기되는 문제는 있을 수 있는 모든 조작적 정의가 서로 정적으로 관계되어야 하는가이다. 다시 말해서 어느 한편에서의 높은 해석이 다른 한편에서의 높은 해석과 연합되어야만 하는가? 일반적으로는 그렇지 않다. 왜냐하면 이론적 개념의 많은 의미는 어떤 조작적 정의로도 측정될 수 없는 경우가 있다. 예를 들면 화제의 주목을 받는(대화가 쏠리는) 정도에 비추어 구성원의 순위를 매긴다는 것은 집단의 결정에 대한 구성원들의 영향력과 서로 정적으로 관계되지 않을 수도 있다. 각각의 조작적 정의는 지위구조의 개념 중 서로 다른 측면에 관계되기도 한다.

그러나 조작적 정의들 간에는 세 가지 유형의 관계성이 있을 수 있다.

첫째, 정적인 상관관계이다. 한쪽의 측정치가 높을 때 다른 쪽의 측정치도 높다.

둘째, 부적인 상관관계이다. 한쪽의 측정치가 높으면 다른 쪽은 낮다.

셋째, 상관관계가 없는 경우이다(무상관). 한쪽의 측정치는 다른 쪽의 측정치와는 독립적이다. 다시 말해서 측정치 간에 체계적인 관계성이 없다. 일반적으로 두 개의 조작적 정의가 부적으로 상관관계를 갖지 않는 한 문제는 야기되지 않는다. 이 말은 조작적 정의는 정적으로 상호 관련되거나 전혀 관계되지 않을 수도 있음을 의미하는 것이다.

예를 들어 소규모의 대면집단에서의 단일의 지위계층 속에서, 개인의 위치를 나타내는 "지위계급(status rank)"을 생각해 보자. 지위계급을 측정하기 위한 두 가지 방법 즉 두 가지 조작적 정의가 존재할 것으로 가정할 수 있다. 첫째, 전형적인 "社會圖(sociometric)" 측정방법으로, 집단의 구성원들로 하여금 바람직한 사회적 교우를 선택하도록 하는 방법이 있을 것이다. 집단구성원들에 의해서 바람직한 사회적 교우로 선택되는 정도가 높을수록 그 사람은 그 집단 내에서 지위계급이 보다 높다. 둘째, "특정개인이 집단의 과업효과를 높이는 데 공헌하는 정도"에 대한 집단구성원의 지각에 의한 측정이 가능할 것이다. 가치로운 과업에의 공헌 정도가 높게 지각될수록 그 사람의 지위 계급은 보다 높다.

만일 지위계급에 관한 이 두 가지 조작적 정의가 정적으로 관계된다면, 다시 말해서 높은 사회도적 계급순위와 높은 課業效果性 계급순위가 동시에 작용한다면 개인의 지위계급을 규명하는 데 있어서 어떤 문제도 야기되지 않는다. 만일 이 두 가지 지위계급 측정치가 서로 관계가 없다면, 즉 사회도적 계급이 과업효과성 계급과 전혀 관계가 없다면, 개인의 전반적인 지위계급에 관해서 상당한 모호성이 있게 될 것이다. 나아가 이러한 문제가 지위계급이라는 이론적 개념에 기인하는지 아니면 사회도적 계급과 과업효과성 계급을 측정하는 데 사용된 절차에 기인하는지가 불분명하게 될 것이다.

하지만 만일 다른 두 가지 조작적 정의가 부적으로 관련된다면, 즉 사회도적인 계급이 높은 사람이 과업효과성 계급이 낮다면 지위계급이라는 이론적 개념의 실체규명에 상당한 혼돈이 야기된다. 환언하면 어떤 사람이 사회도적 기준에서의 계급은 높으면서(그가 바람직한 사회적 동료로 선택됨) 과업효과성 기준에서는 낮다면(그가 집단의 과업에 많이 공헌하지 못한다면) 그 사람의 전반적인 "지위계급"은 어떠한가? 이런 문제가 발생되지만 각각의 조작적 정의의 적용에(다음에서 논의하게 될) 대한 관찰자 간의 합의가 존재한다면, 그 이론적 개념의 실체규명에 관한 혼란을 제거(감소)시킬 조치가 취해져야 한다. 이러한 조치는 이론적 개념을 변화시켜서, 결국 조작적 정의를 변화시키거나 그 이론적 개념을 여러 가지의 이론적 개념들로 분할함으로써 가능해진다. Bales는 과업효과성 계급과 사회성 계급이 부적으로 관계됨을 발견하고서(Henick과 Bales, 1953; Bales와 Slater, 1955), 과업적 지위계급과 사회적 지위계급이라는 두 가지 지위계급이 있다고 주장하였다. 따라서 그는 앞서의 단일의 전반적인 지위계급을 별개의 두 가지 개념으로 분할하였다.

이론적 개념과 그 이론적 개념의 실체를 측정하기 위한 조작적 정의의 적절성 간의 관계성은 주로 판단의 문제라는 것은 명확하다. 이들의 관계성에 관한 상호적 합의(intersubjective agreement)는, 조작적 정의들 간의 부적 상호관계성으로 표시되는 그 개념에 대한 상충하는 측정의 문제가 없다면 아주 낮아질 것이다.

하나의 조작적 정의는 두 가지 기준에 의해 평가될 수 있는데, 하나는 이론적 개념과의 관계이며 또 하나는 측정절차로서의 적합성이다. 이론적 개념들 간의 관계성, 특히 하나의 이론적 개념들을 측정하기 위한 둘 또는 그 이상의 조작적 정의 간의 합의(agreement)에 초점을 둔다. 측정절차로서의 조작적 정의를 평가하는 중요기준은 상호합의성 또는 관찰자 간 합의(intersubjectivity or interobserver agreement)이다. 즉 둘 또는 그 이상의 잘 훈련된 관찰자가 독자적으로 동일한 대상 또는 현상을 측정하는 데 있어서 조작적 정의에 의해 구체화된 절차를 사용한다면 동일한 결과에 도달할 수 있을까? 하나의 조작적 정의에 대하여 관찰자 간의 합의가 높다는 것은 만일 두 관찰자가 각각 사회도적 계급을 측정할 때 그들은 동일한 감각적 인식을 경험할 것이며 동일한 사람을 사회도적 지도자로 규명할 것임을 의미한다. 이것은 과업적 계급이나 사회적 계급과 같은 서로 다른 조작적 정의 간의 합의 그 이상의 문제임을 명확히 이해해야 한다.

두 명의 관찰자가 하나의 현상에 대해 동일한 조작적 정의를 적용하고자 할 때 두 관찰자가 결코 완전한 합의에 도달할 수는 없다(단순한 무작위적 오류나 측정의 오류는 있기 마련이며 이것들이 완전한 합의를 불가능하게 한다). 실제 연구수행에서, 연구문제를 해결하기 위해 어느 정도의 합의가 필요한가를 결정하는 것은 바로 이런 이유 때문이다. 그런데 납득할 만한 합의의 정도는 조작적 정의가 사용되는 연구기법과 적용되는 상황에 따라 아주 다르다.

두 번째 기준인 조작적 정의와 이론적 개념 간의 관계는 보다 어려운 문제이다. 이론적 개념에 대해 숙고해 보면 그 이론적 개념에 그럴듯하게 관련된 몇 가지 측정 가능한 특성(예컨대, 사람, 집단, 사회체제 등에서처럼)을 고려할 수 있다. 이것은 주로 판단의 문제라는 사실은 분명하다. 상호 공통적 합의는 하나의 이론적 개념을 측정하기 위한 조작적 정의의 적합성을 평가하는 유일한 기준이다. 이것이 추상적 이론을 구체적 현상과 연결시키는 가장 중요한 방법이며 따라서 이것은 궁극적으로는 과학적 판단의 문제임을 명확히 이해해야 한다.

이처럼 주관적 판단의 문제를 피하는 과학적 이론전개의 한 가지 접근방법이 있다. 조작주의적 입장의 기본원리(Bridgman, 1927)는 이론에 사용되는 모든 개념들은 조작적 정의가 되어야 한다는 것이다, 그러나 비록 이런 조작적 정의는 이론적 개념에 어떻게 관련되는가를 결정하는 문제를 해결해 줄지라도 여기에는 두 가지 부차적인 문제가 야기된다. 첫째, 이론에는 많은 조작적 정의가 가능한 동시에 각각의 새로운 조작적 정의는 그 이론에 통합되어야 할 필요가 있기 때문에 이론들은 더 복잡해지고 심지어는 너무 복잡해서 사용할 수가 없다. 둘째, 모든 개념들은 조작적 정의가 되어야 할 필요가 있다는 말은 모든 개념들은 직접적으로 측정 가능해야 한다는 것을 의미하기 때문에 측정 불가능한 개념인 가설적 구성개념은 어떤 이론에도 포함될 가능성이 없다. 그렇게 될 경우 현재 자연과학이나 사회과학에서 유용한 것으로 간주되는 많은 개념(예컨대, 진자나 지위구조)들이 이론에서 배제되는 오류를 범할 것이다.

4. 개념의 계량화

지진, 인성, 온도, 지능, 태양계, 소규모 대면집단 등에 대해 전술한 논의는, 설명되어지는 사건이나 현상의 종류가 무엇이냐에 관계없이, 모든 개념들을 동등하게 다루었다. 사건이나 대상에 대해 보다 정확한 진술을 내리는 것이 바람직하기 때문에 개념들의 다양한 형태를 설명하는 것이 필요하다. 일반적으로 개념은 두 가지 영역으로 분류될 수 있다. 그 하나는 대상이나 현상을 지칭하는 것이고(이때 개념의 이름은 하나의 호칭(label)으로 간주될 수 있다), 다른 하나는 정도에서 차이가 날 수 있는 대상이나 현상을 언급하는 것이다(개념의 이름은 여러 가지 상황이나 상태의 차이에 대한 호칭(명명)이며, 각 상황이나 상태는 어떤 체계적인 방법으로 조직될 수 있다). 정도에서 차이가 있는 상황이나 상태를 지칭하는 개념은 양에서 차이가 나는 개념과 동일한 것으로 간주된다. 그러므로 "양화의 수준(level of quantification)이라는 말을 쓸 수 있다.

어떤 개념이 정도에서 차이가 나고 또한 상태가 서로 다른 것으로 가정되는 현상을 언급할 때, 각각의 상태는 언제나 몇 가지로 호칭된다(양화의 수준이라는 말이 있을 수 있지만 문자나 상징과 같은 다른 종류의 명칭도 적절하다).

개념의 양화는, 예를 들어 태도를 -3에서 +3까지의 척도상에서 측정하는 것처럼, 언제나 조작적 정의와 연합된다. 그러나 그것은 또한 이론적 개념에 적용될 수도 있다. 구체적 상황에서 추상적인 개념을 측정하는 절차인 조작적 정의를 적용할 때, 다양한 양화의 형태를 일반적으로 "양화의 수준"이라고 지칭한다.4) 양화의 네 가지 형태－명명수준(nominal level), 서열수준(ordinal level), 동간수준(interval level), 그리고 비율수준(ratio level)을 고찰해 보자.

1) 명명수준

하나의 개념이 단지 별개의 독립된 상태를 나타내는 것으로써 각각의 상태들 간에 아무런 관계성이 없을 때 개념의 상태를 기술하는 것은 결국 각각의 상태를 바로 그 개념으로 호칭하는(labeling) 결과가 된다. 개념이 지칭하는 상태가 어떤 식으로든 호칭(명명)될 수 있을 때, 이것을 양화의 명명수준이라고 간주할 수 있다. 그러나 이것을 명명의 정의(nominal definition, 일차적 용어로 구성된 정의)와 혼동되어서는 안된다. 서로 구별되는 네 가지 상태들을 지칭하는 개념을 다음과 같이 다양하게 호칭할 수 있다.

	·A	·B	·C	·D
또는:	·1	·2	·3	·4
또는:	·G	·U	·R	·K
또는:	·3.56	·5	·10,000	·43

이 경우에는 네 가지 상태 각각을 가장 쉽게 지칭해 주는 어떤 호

---

4) 이에 대한 구체적인 이해를 위해서는 Siegel(1956. pp21~30)을 보라. 그리고 자료를 검토하고 자료에 적절한 판단수준(level of measurement)을 결정하게 해 주는 다양한 측정모델에 관한 보다 정교한 논의를 위해서는 Torgenson(1958)을 보라.

칭이 가장 적합한 개념이 될 것이다. 많은 이론적 개념들이 양화의 명명수준으로 간주된다. 이론적 개념으로서의 "지위구조"는 단지 두 가지 상태-개인들의 집합(단)이 갖거나 또는 갖지 않거나(버스를 기다리기 위해 사람들이 모인 경우)-를 가질 수 있다. 인성특성도 명명수준으로 간주될 수 있다. 즉 사람들은 네 가지 인성형태-구강적, 항문적, 성기기적 또는 생식기적, 중 하나로 분류될 수 있다.

많은 조작적 정의들은 명명수준이다. 몇 개의 예를 들어보면 성은 두 가지 상태(남성, 여성), 배우자의 유무는 네 가지 상태(미혼, 결혼, 홀아비 또는 미망인), 우편번호는 대략 100,000개의 상태를 나타낸다.

요약하면, 명명수준으로 양화되는 다양한 개념의 상태는 단지 호칭될 수 있으며 따라서 그것들이 서로 다르다고 말하는 것을 제외하고는 다양한 상태들 간의 차이에 대한 어떤 진술도 성립될 수 없다.

2) 서열수준

개념이 순서로 나열될 수 있는 여러 개의 상태를 갖는 것으로 고려될 때는 그 상태들의 상대적인 순서에 의해 의미가 전달될 수 있다고 볼 수 있다. 예를 들어 다음과 같은 순서 적 순위가 가능하다.

```
•A          •B          •C              •D              •E
•A •B          •C              •D                        •E
•E      •D                  •C              •B •A
•1          •2              •3          •4      •5
•5          •4          •3          •2                      •1
```

위에 나타난 각각의 경우에서, 하나의 상태는 다른 두 개의 상태 사이에 존재하는 것을 의미한다. 따라서 사용되는 절차는 어떤 방법으로든 그 개념의 상태에 대한 상대적 순위나 계급순위가 나타나도록 되어야 함을 의미한다. 그러므로 양화의 "서열"수준이라는 용어를 쓴다.

A와 B간의 차이는 B와 C간의 차이와 아무런 체계적인 관계성이 없으나 B는 항상 A와 C사이에 존재한다. 일반적으로 문자(letter)가 왜 어떤 개념의 서열상태를 호칭하기 위해 적절한가는 바로 이것 때문이다.

학생들에게 가장 친숙한 서열적 측정은 학업성취에 따라 정해지는 등수이다. A는 언제나 B보다 열등하고 B는 언제나 C보다 우수함을 의미하나 학업성취의 관점에서 A와 B간의 차이가 언제나 B와 C 간의 차이와 동일함을 의미하는 것은 아니다.

사회과학에서 대부분의 이론적 개념들은 양화의 서열수준을 나타내는 것으로 볼 수 있다. 소규모 대면집단에서 개인의 상대적인 계급은 언제나 서열적 측정치로 간주된다. 즉 대면집단에서 특정인은 영향력에서 첫 번째, 두 번째 또는 세 번째 등으로 표현된다. 태도도 종종 긍정적·중립적·부정적으로 나누어 고려될 수 있다. 사회의 근대화 정도에 관한 논의도 객관적 등급순위에 의해 구분될 수 있을 것이다.

요약하면 "양화의 서열수준"은 개념의 다양한 상태가 어떤 특성에 비추어 순서적으로 등위를 매길 수 있다는 것을 의미한다.

3) 동간수준

양화의 동간수준은 개념의 상태가 순서적으로 등급이 있을 뿐만 아니라 그 상태 간의 차이가 의미를 갖는 경우이다. 다음의 척도를 생각해보자.

•A		•B		•C		•D		
•F		•G		•H		•I		
•3	•3½	•4	•4½	•5	•5½	•6	•6½	•7
•45		•46		•47		•48		•49

이 경우에 인접한 점들(A-B. G-H, 4-5, 47-48) 간의 차이는 동일하다. 그러므로 두 점들 간의 차이를 비교하는 것은 의미있는 작업이다. C가 A와 B 간의 거리의 두 배라고 말하는 것은 이치에 맞는 것이며 A에서 C의 거리는 A에서 B의 거리의 두 배라고 말하는 것도 옳은 말이다. 이들 다양한 상태들은 그것들 간의 동일한 간격을 갖는 것이기 때문에 이런 방식으로 순서 지워진(ordered) 개념들을 양화의 "동간" 수준이라고 말할 수 있다.

비록 상태 간의 간격이 동일하다고 할지라도, 절대 영 점(identifiable zero) 상태는 없다는 것을 이해하는 것이 중요하다. 따라서 6과 3의 차이는 6과 5의 차이의 세 배라고 말하는 것은 합리적일지 모르나 5와 3은 직접적으로 비교될 수 없다. 왜냐하면 영 점(zero point) 상태를 모르기 때문이다. 본래 명명(label)이란 임의적이고 동일한 상태들이 B, G, 4, 46, 10.032나 또는 어떤 다른 상징으로도 명명될 수 있다는 것을 명심한다면, 상태에 대한 명명은 직접적으로 비교될 수 없다는 것도 쉽게 알 수 있다. 그러나 "A와 B의 중간"이라는 표현은 "$3\frac{1}{2}$" 이라는 상징보다 덜 편리한 기술이기 때문에 언제나 숫자가 사용된다.

비록 자연과학에서는 동간적(equal interval) 이론적 개념(예컨대, 온도)이 많을지라도 사회과학에서는 이를 거의 찾아볼 수 없다. 명망도의 차이를 동간척도상으로 고찰하는 것도 가능할 수 있다. 명망도의 세 가지 "상태" 또는 "수준"―낮음, 중간, 높음을 생각해 보자. 소방수라는 직업은 낮은 것으로, 전기공학기사는 중간으로, 그리고 물리학자는 높은 것으로 간주될 수 있다. 소방수와 기사 간의 명망도의 차이가 기사와 물리학자 간의 명망도의 차이와 동일하다면 이러한 명망도의 개념은 동간척도로 양화될 수 있을 것이다. 그렇게 된다면, 물리학자는 기사에 비해 두 배의 명망도를 갖는 것이 아니라 물리학자와 소방수 간의 명망도의 차이가 물리학자와 기사 간의 차이의 두 배가 될 것이다.

동간수준에 입각한 조작적 측정의 대표적인 예는 온도의 측정이다. 대부분의 사람들이 온도를 측정하는 두 가지 일반적인 척도—화씨와 섭씨—를 잘 알고 있기 때문에 이 예가 보편적으로 사용된다. 물이 얼고 물이 끓는 "상태" 간의 온도(추상적인 개념으로서의)의 차이는 일정한 간격이다. 그러나 섭씨척도(의 차이)는 간격이 100(100도)이고 화씨는 180(180도)이다. 두 개의 서로 다른 동간척도는 온도의 차이라는 동일한 추상적 개념의 조작적 측정에 쓰여진다. 사회과학의 개념들을 동간수준에서 조작적으로 측정하는 것은 그것들을 동일한 추상적인 개념으로 측정하는 것보다 이해하기 훨씬 쉽다. 예를 들어 태도는 다음과 같은 척도를 자주 측정한다.

```
비우호적 :    :    :    :    :    :    :    :    : 우호적
          -4   -3   -2    0   +1   +2   +3   +4
```

연구자는 +2와 +4 간의 차이를 0과 -2 간의 차이와 동일하다고 가정한다면, 이는 측정 절차에 양화의 동간수준을 적용하는 방법이다. 사회과학자들은 측정은 양화의 동간수준에서 이루어졌다고 가정하는 경향이 있다. 이는 대부분의 유용한 약식의 측정(평균과 같은)이나 통계적 검증은 동간수준에서의 양화를 필요로 하기 때문이다.

이러한 통계적인 절차의 이점을 얻기 위하여 사회과학자들은 마치 자료가 동간척도인 것처럼, 특히 직관적으로 양화의 서열척도에 함축

되어 있는 것보다 더 중요함을 포함하고 있는 것처럼 둘러대고 행동하는 경향이 있다.

4) 비율수준

하나의 동간척도상에 위치하는 지점을 나타내 주는 숫자를 통해 수행될 수 없는 하나의 조작은 직접 비교하는 것이다. 예를 들어 위치를 가리키는 데 사용된 숫자가 제멋대로이기 때문에 두 숫자의 비율을 정확하게 나타낼 수 없다(물의 끓는점과 어는점의 비율은 섭씨의 온도척도를 사용하면 100 : 0이고 화씨의 온도척도로 사용하면 212 : 32이다). 만일 동간척도에서 영 점의 위치가, 이론적 개념에 의해서든지 측정절차로서든지, 똑같은 의미를 가진다면 두 숫자의 비율을 계산하는 데 유용하다. 그러므로 이것을 양화의 "비율"수준이라 부른다. 비율계산은 영 점에서 출발하는 두 개의 서로 다른 길이의 간격을 비교하는 것과 동일한 의미임을 이해해야 한다.

물리학에서 가장 잘 알려진 개념들 중 몇 가지는 이론적으로도 조작적으로도 모두 양화의 비율수준으로 개념화시킬 수 있다. 시간, 거리, 속도(시간과 거리의 결합), 부피 그리고 무게는 모두 이론적으로든 조작적으로든 동간척도에서 영 점 상태를 가진 개념이다. 그래서 "두 배가 긴" "두 배가 빠른" 그리고 "두 배가 무거운"은 분명하고 확실한 의미를 갖는다. 반대로 "영 점의 멋", "영 점의 편견" 또는 "영 점의 지위"를 알 수 있는 방법이 없기 때문에 사람들은 "두 배의 멋", "두 배의 편견" 또는 "두 배의 지위"라고 말할 수는 없는 것이다.

5) 계량화에 대한 일반적 논평

실제연구에서, 숫자는 가장 간편하기 때문에 대부분의 조작적 정의에서 명명을 위해 사용된다. 자동화된 자료처리 장치는 숫자처리로 설계된다. 왜냐하면 숫자에 의하여 측정을 기록하는 것이 더 경제적이기 때문이다. 사회과학에서 대부분의 측정과 조작적 정의는 양화의 명명적(명칭적), 서열적(순서적) 또는 동간적(항상 일정한 간격, 영 점이 없다) 척도이다.

이론적 개념을 양화하는 것이 더 어렵기 때문에 槪念化의 명명수준에 의해 명확해지는 경우가 많이 있다. 예를 들어 개인들의 집합은 사회구조를 가질 수도 있고(만약 그들이 일정기간 동안 상호작용 하면), 갖지 않을 수도 있다(만약 그들이 상호작용을 전혀 하지 않을 때). 사회구조는 명명수준에서 명확하게 개념화될 수 있다. 그러나 지위분화(status differentiation)의 정도와 같은, 사회구조의 특성은 지위분화의 "높음", "중간", "낮음" 등과 같은 서열수준(등급)의 양화로 개념화될 수 있다.

또 다른 예는 어떤 사회의 산업화 정도를 들 수 있다. 전화의 수, 수력발전력의 양, 철도의 연장길이 등과 같은 산업적인 성격의 수를 동간척도나 또는 심지어 비율척도로 측정하는 것이 가능할 것이다. 그러므로 이들 특성은 나름대로 산업화의 정도라는 이론적 개념을 측정하는 데 유용한 조작적 정의의 하나가 되지만 이론적 개념 자체는 서열척도에 의한 양화 이상으로 처리될 수 없다. 이러한 여러 가지 측정척도(전화수, 좋아함)를 사용함으로써, 공업화의 정도를 A, B, C로 서열을 매길 수 있지만 "A와 B 간의 차이와 B와 C 간의 차이"를 비교할 수는 없다. 하나의 이론적 개념의 비동질적인 다양한 특성을 포함하는 어떤 측정치를 개발하려는 이러한 문제를 집합의 문제(problem of aggregation)라고 부른다.

양화의 주요한 이점 중의 하나는 이것이 두 개 또는 그 이상의 개념 간의 상호관계 또는 연합의 정도에 관하여 보다 정확한 진술을 내리도록 해 주는 점이다(이에 대해서는 4장에서 더 자세히 다루게 될 것이다). 과학적 연구에서 중요한 활동 중의 하나는 개념들 간의 관계성을 밝히는 것이다. 여러 가지 관계성의 형태는 개념이라는 동일한 형식에 의해 다양한 양화수준으로 분류될 수 있다. 연합의 명명척도는 두 개념의 관계가 있는지 없는지를 진술하는 것과 같은 것이 된다. 연합의 서열척도는 개념들이 긍정적으로 관계가 있는지 또는 전혀 무관계인지 아니면 부정적으로 관계가 있는지에 대해 진술하는 것과 같은 것이다. 자료를 분석하는 데 있어서 연합에 대한 이러한 진술은 일반적으로 조작적 정의와 관계가 있다. 이러한 진술들은 두 변인 이상 간의 상호관계성을 논의할 때에 특히 유용하다.

양화가 갖는 가장 좋지 않은 측면의 하나는 이것이 종종 과학적 지식에 대한 절대의 설명으로 종종 잘못 취급되고 있다는 점이다. 많은 사람들은 개념이나 개념에 관한 진술이 숫자 또는 상징적 용어로 제시되지 않을 때 그 활동은 "과학적"이 아니다라고 굳게 믿고 있다. 이러한 태도에 대한 가장 바람직한 비유는 캄캄한 밤에 오던 길의 중간에서 지갑을 잃어버리고 나서 길모퉁이에 불빛이 있기 때문에 거기에서만 지갑을 찾는 사람의 이야기를 생각하는 것이다. 비록 미약한 양화가 조명을 제공받는 블록의 중간쯤에 있다고 하더라도 과학적 행동은 유용하고 중요한 문제를 묻는 쪽으로 가리키게 되어야 한다. 정확하고 세련되며 양화된 질문보다 더 유용하다는 것이다.

5. 요약 및 결론

이 장은 다음과 같은 원리를 진술함으로써 요약될 수 있다.

① 일차적 용어를 사용할 때는 그것의 의미에 관하여 관련 과학자들 간에 합의가 있어야 한다.

② 파생된 용어는 일차적 용어로 정의될 수 있어야 한다.

③ 관련 과학자들 간에 모든 이론적 개념의 의미에 관하여 합의된 일치가 있어야 한다.

④ 이론적 개념들에 대한 지표(indicators)인 조작적 정의에 관하여 합의된 일치가 있어야 한다.

⑤ 만일 두 개념이 똑같은 이론적 개념의 지표라면 어떤 두 가지 조작적 정의도 부정적으로 서로 관계되는 것은 없다.

⑥ 적절하게 훈련된 두 명의 사람들이 똑같은 조작적 정의를 적용할 때는 관찰된 측정치에 대해 일치가 있어야 한다.

⑦ 모든 이론적 개념이 구체적 상황에서 반드시 측정 가능해야 할 필요는 없다.

⑧ 이론에 대한 조작적 이론적 정의는 명명(명칭), 서열(순서), 동간(동일한 간격, 영 점이 없다) 그리고 비율(동일한 간격, 영 점이 있다)의 네 가지 양화의 척도로 분류될 수 있다. 이런 양화는 어떤 현상의 존재에 관하여 더 정확한 진술을 할 수 있게 해 준다.

⑨ 정확한(또는 양화된) 개념들이 사용될 수 없다는 이유 때문에 중요한 과학적 문제를 연구하는 것을 피해서는 안된다.

결론적으로 비록 양화가 되었다 하더라도 가장 정확하고 분명하며 폭넓게 인정되는 일련의 정의는 단지 사물이나 현상을 조작하고 분류하기 위한 절차를 제공할 수 있다는 것이 강조되어야 한다. 이러한 일련의 정의는 예측, 설명, 또는 원인이해력으로 사용될 수 없다. 단지 다음 단계를 취했을 때 개념들 간의 관계성을 기술한 진술을 제공하는 것이 다른 과학적 목표에 도달될 수 있게 해 준다. 이것은 중요한 특성이다. 왜냐하면 사회과학에서 조사가 없는 많은 "이론"이 개념들 간의 관계성에 대한 어떤 논의도 없이 일련의 개념들을 단지 힘들여 고치게 되는 것을 나타낸다.

4. 진 술

　어떤 개념이 제시되고 과학자들 간에 그 개념의 의미에 대한 합의가 이루어지면, 이 개념은 "실제의 세계(real world)"를 기술하기 위한 진술(statement)에 쓰여질 수 있다. 이 장에서는 과학적 지식을 표현하는 데 사용되는 진술의 형태를 설명하게 될 것이며 이론이나 다양한 진술들은 다음 장에서 논의될 것이다.

　진술은 두 가지 종류로 분류될 수 있는데, 하나는 어떤 개념에 의해 언급되는 현상의 실제를 지시하는 형태(존재진술, existence Statement)이고, 다른 하나는 개념들 간의 관계를 기술하는 형태(관계진술, relational statement)이다. 후자에 대해서 우선 개념들 간의 관계형태(가령, 상관관계나 인과관계)에 대한 논의를 한 후에 다양한 추상수준(level of abstraction)에 대한 논의를 하겠다. 마지막으로 이론적 진술의 다섯 가지 형태(법칙, 공리, 명제, 가설 그리고 경험적 일반화)를 체계적인 이론과 경험적 연구와 관련시켜 검토하게 될 것이다.

1. 존재진술

　진술은 "어떤 개념이 존재하는 상태(State)를 지시하는 것"과 "개념들 간의 관계를 기술하는 것" 등 두 종류로 분류될 수 있다. 존재를 나타내는 진술의 예는 다음과 같다.

- 저 의자는 갈색이다.
- 저것은 사람이다.
- 저 사람은 사교척도에서 높은 점수를 받는다.

- 저것은 대면집단이다.
- 저 소규모의 대면집단에는 지위계층이 있다.

이러한 진술들은 기본적으로 동일한 형태를 취한다. 즉 용어 그 자체로 구체화되는 개념이 대상이나 현상에 적용된다는 점이다. 다시 말해서 대상이나 현상은 실체가 확인될 수 있으며("물건", "의자", "사람" 그리고 "대면집단" 등) 나아가 실체가 확인된 대상은 존재하므로 어떤 개념("의자", "갈색", "높은 사고척도 점수" 등)의 실례라고 말할 수 있다. 여기서 그 진술이 "존재"를 언급하는 것인지 아니면 사교척도 점수의 수준 등과 같이 "존재의 정도"를 언급하는 것인지는 이론적인 개념의 양화수준에 따라 달라진다.

더 복잡한 존재진술이 있을 수 있으나 이때에도 여전히 그 기본적인 형태에는 변함이 없다. 예를 들어,

만약 ⓐ X집단에는 두 명 이상의 사람들이 있고,
　　ⓑ X집단의 사람들은 각자가 다른 사람에게 사적인 수준에서 이야기를 할 수 있으며, 나아가
　　ⓒ 각각의 사람들은 다른 모든 사람들에 대해서 뚜렷한 개인적인 느낌을 가질 수 있다면, 그 집단은 소규모의 대면집단이다.

이런 경우에 "소규모의 대면집단"이라는 개념은 "X집단"으로 표현되는데 이는 X집단이 위의 특징 ⓐ, ⓑ, ⓒ를 포함하기 때문이다. 이 진술은 어떤 개념의 실례가 되는 "존재(상태)"를 나타내준다.

이러한 존재진술의 형태는 바로 정의의 형태와 아주 유사하기 때문에 정의와 존재진술 간의 차이는 명확히 구별되어야 한다. 정의란 어떤 개념의 특징을 기술하는 것이다. 반면 존재진술이란 특징뿐만이 아니라 실세계에서 그 개념의 예가 존재함을 밝히는 것이다. 즉 정의는

개념을 기술(describe)하는 것인 반면, 존재진술은 개념들이 존재하는 것을 주장(claim)하는 것이다.

존재진술은 경우에 따라 "옳은" 진술일 수도 있고 "틀린" 진술일 수도 있다. 예를 들어 "지금은 정오이다"라는 진술은 하루에 한 번은 어디서든지 옳은 진술이다. 그러나 "지금이 프랑스 파리의 1932년 3월 24일 정오이다."라는 보다 구체적인 진술은 어느 한 장소에서 단지 한 번만 옳은 진술이다. 간단히 말해서 다음에서 논의하게 될 추상수준의 차이는 존재진술에 적용되는 것이며 존재진술의 "옳음"의 정도에 영향을 미친다.

2. 관계진술

진술의 또 다른 형태는 두 개념 간의 관계성을 기술하는 것이다. 따라서 어떤 한 개념의 실례가 존재하는가를 밝히는 것은 바로 다른 개념의 존재에 관한 정보를 전달하는 것이다. 예를 들어,

> 만일 어떤 사람이 대학 사교클럽의 회원이라면, 그는 사교척도에서 높은 점수를 받을 것이다.

이러한 진술은 만약 어떤 사람이 "대학 사교클럽의 회원임"을 확인할 때, 당신은 그가 "높은 사교척도 점수"를 받을 것이라고 기대할 수 있음을 의미한다. 이러한 형태의 진술은 두 개념 간의 관계성을 설명하는 것이기 때문에 관계진술이라고 명명할 수 있다.

과학적 지식의 본질은 관계진술로 표현된다. 실세계에 대한 "정의들의" 적용으로서의 존재진술은 단순히 대상이나 현상의 분류체계로서의 유형론(typology)을 제공할 수 있을 뿐이며 설명, 예측, 그리고 원인이해력은 관계진술에 의해서 가능하다.

그런데 관계진술은 개념들 간의 聯合(association)을 기술하는 것과 두 개념들 간의 因果的 關係(casual relation)를 기술하는 것 등 넓게 두 종류로 분류될 수 있다. 예를 들어,

> 만일 어떤 사람이 대학 사교클럽의 회원이라면 그는 사교척도에서 높은 점수를 받을 것이다.

라는 진술은 연합의 진술이다. 이 진술은 대학 사교클럽에 소속된 사람은 사교척도에서 높은 점수를 받을 것임을 말하는 것이다. 이런 문맥에서는 대학 사교클럽에의 가입이 그 사람의 사교척도 점수를 변화시킨다는 것을 의미하지는 않는다. 물론 이 진술은 사교척도에서의 높은 점수가 사교클럽의 회원이 아닌 학생들에게는 나타나지 않을 것이라고 말하는 것도 아니다. 단지 이것은 대학 사교클럽회원과 사교척도 점수, 이 두 개념이 연합되거나 상호관계되고, 그런 이유로 이 진술은 "연합적" 진술로 지칭된다는 것을 나타내는 것이다, 이와는 대조적으로

> 대학 사교클럽의 회원이 되는 것은 그 사람의 사교척도 점수를 높일 것이다.

라는 진술은 하나의 개념, 즉 "사교클럽의 회원"이 다른 개념, 즉 "사교척도 점수"가 변하는 원인임을 나타내는 것이다. 이처럼 인과관계를 설명하는 진술은 "인과적" 진술이라고 명명할 수 있다.

1) 연합진술

　기본적으로 연합진술은 개념들이 어떻게 존재하고 관계되는가를 설명한다. 연합의 측정치를 양화의 동간 또는 비율수준으로 사용할 때, "상관"이라는 말은 종종 연합의 "정도"를 언급하는 데 쓰여 진다.
　두 개념 간의 연합이나 상관의 본질은 세 가지 형태를 취할 수 있다. 즉,

긍정적(positive): 한 개념이 존재하고 또한 그 정도가 높으면, 다른 개념도 존재하며 또한 그 정도가 높다. 그 반대도 성립한다.

예: 남자는 여자보다 키가 더 크다. 역의 진술도 성립한다(즉 키가 큰 사람은 남자일 경향성이 있다).

무연합(hone): 한 개념의 존재가 다른 개념의 존재에 아무런 정보를 주지 못하며, 역의 진술도 성립한다.

예: 남학생과 여학생은 사회과목에서 같은 점수를 받는다.

부정적(negative): 한 개념이 존재하면, 또는 정도가 높으면 다른 개념은 낮고, 또는 그 반대도 존재한다.

예: 어떤 직무집단에서의 낮은 이직률(구성원의 변화)은 높은 생산성과 연결된다. 반대도 성립한다.

　두 개념 간의 "강력한" 연합(연합의 정도가 강력함)은 긍정적으로든 부정적으로든 존재할 수 있는데, 단지 그 개념들의 질적 명명(label)에는 차이가 있다. 예를 들어 다음의 두 가지 진술들은 비록 하나는 긍정적인 연합을 나타내는 반면 다른 하나는 부정적인 연합을 나타낸다고 하더라도, 형식은 동등하다.

　　• 직무집단에서의 높은 안정성(구성원의 수행)은 높은 생산성과 연합된

다(긍정적 연합).
- 직무집단에서의 낮은 이직률(구성원의 변화)은 높은 생산성과 연합된
  다(부정적 연합).

만약 두 개념에 대한 양적 조작적 정의(측정조작의 결과가 숫자)를 발견할 수 있다면 종종 연합의 정도나 상관의 정도를 수로 표시하는 것이 가능하다. 대부분의 연합의 양적 측정은 -1.0에서 +1.0의 수로 나타난다. 이들 수를 가지고 +1.0은 긍정적 상관의 최대치를, -1.0은 부정적 상관의 최대치를 나타내며 0.0은 무상관을 의미한다.

2) 인과진술

두 개념의 연합이나 상관을 설명하는 관계진술과는 대조적으로 어떤 진술은 두 개념의 존재에서 나타나는 개념들 간의 인과적 관계성을 설명한다. 다시 말해서 한 개념은 다른 개념이 성립되는 원인으로 간주된다. 예를 들어,

- 만일 하나의 의자가 이 대학에 속한 것이라면 갈색으로 칠해질 것이다.
- 만일 직무집단의 사기가 오르면 그 집단의 생산성은 향상될 것이다.

이러한 각각의 상황에서 한 개념은 다른 개념의 상태의 원인으로 간주된다. 즉, 이 대학에 속한다는 소속성은 그 의자를 갈색으로 칠하게 하는 원인이 되며, 증대된 집단의 사기는 생산성의 증대를 가져오는 원인이다. 종종 원인과 결과의 관계로 지칭되는 두 개념 간의 인과관계성을 기술하는 진술은 "인과진술(causal statement)"이라 부른다. 원인이 되는 개념이나 변인은 "독립변인"으로 지칭되며(이는 독립적으

로 변하기 때문), 영향을 받게 되는 변인은 "종속변인"으로 지칭된다 (이는 독립변인에 의존적이기 때문).

중요하게 생각해야 할 것은, 비록 인과진술과 연합진술이 형식에 있어서 아주 유사하고 종종 실제적인 사용에 있어서도 동일할지라도, 진술의 형태가 아주 다르다는 점이다. 예를 들어 종종 다음과 같은 진술을 관찰할 수 있다. 즉,

산업사회에서 여성의 스커트의 길이와 경기호황의 정도는 관련이 있다. 다시 말해서 경기침체 시에는 스커트의 길이가 길어지고 경기호황 시에는 스커트의 길이가 짧아진다.

이러한 연합진술을 뒷받침하는 경험적 결과에도 불구하고, 그 누구도 긴 스커트의 길이가 경기침체의 원인이며 그 역도 성립한다는, 이 두 변인 간의 인과적 관계성을 진지하게 주장하지는 않는다. 이러한 상황에서는 경기침제와 긴 스커트의 원인이 되는 다른 변인이 있을 수 있기 때문이다. 변인들 간의 연합이나 상관 그리고 변인들 간의 인과적 관계성 간의 차이는 "종종 상관이 반드시 인과가 되는 것은 아니다"라는 원리에 의해 표현된다.

실제적으로, 관계진술이 연합의 진술인지 인과의 진술인지를 결정하는 것은 아주 어렵다. 왜냐하면 진술의 형태(그것들이 표현되는 방법)가 아주 유사하기 때문이다. 독자는 상황의 맥락에 의해 양자를 구분하게 될 것이다. 즉, 독자는 진술을 둘러싸고 있는 자료(material)를 검토함으로써 저자가 의도하는 바가 인과인지 또는 연합(상관)인지를 추론해야 한다.

만일 인과적 진술에 사용된 개념이나 변인을 양화하는 것이 가능하다면, 두 개념 간의 인과 정도를 기술하는 것도 가능할 것이다. 본질적으로 이것은 인과성의 개념에 대한 양화이다. 인과성 정도의 양화는

하나 이상의 독립변인이 주어진 종속변인에 영향을 준다는 것을 믿게 하는 근거가 있을 때 가능하다. 왜냐하면, 단지 하나의 원인만이 있을 때는 제안된 독립변인이 될 수도 있지만 그렇지 않을 수도 있다. 즉 거기에는 다른 잠재적(대안적) 원인이 없기 때문에 "중간적"이란 있을 수 없다.

그러나 하나의 종속변인에 영향을 줄 수 있는 둘 또는 그 이상의 독립변인이 있다고 한다면, 이들 두 개의 독립변인이 종속변인에 미치는 객관적인 각각의 영향력을 알아보는 것이 필요하다. "설명되어야"할 종속변인이 명명수준 이상의 수준(서열, 동간, 또는 비율)이나 서열수준에서 측정될 수 있을 때는 이러한 문제의 해답은 구해질 수 있다. 만일 종속변인이 이런 식으로 측정될 수 있다면 연구자는 언제나 다음과 같은 질문을 제기한다. 즉, 종속변인이 달라질 수 있는(변화상태를 나타내는) 것이라면 이러한 변화의 어느 정도가 독립변인의 변화에 의해 영향을 받을까?

종속변인의 측정된 변화(실제변화와는 다른)는 다음 세 가지 분류로 구분하는 것이 편리하다.

① 단지 독립변인의 변화만을 고찰하는 것으로 고려대상인 각각의 독립변인과 직접적으로 관련된 종속변인의 변화의 정도.
② "상호작용 효과"로 지칭되는, 둘 또는 그 이상의 변인 간의 상호작용에 관련된 독립변인의 변화. 엄격히 말해서 이러한 상호작용 효과는 다른 개념들을 결합함으로써 구성되는 또 다른 독특한 이론적 개념이 된다.
③ 설명되어야 할 대상인 종속변인의 존재 정도를 확인하는 데 있어서의 피할 수 없는 실수로 인한, 즉 측정오류에 기인된 변화.

예를 들어, 지능의 원인을 이해하고자 하는 어떤 연구자가 있다고 가정하자. 그는 개인용 지필검사 도구를 개발하고 그 도구를 척도화하고 등급화한 후에 50점과 150점 사이에 있는 어떤 사람에게, 그 검사를 받은 다른 사람과 그의 수행을 비교하면서, 점수를 부여할 수 있다. 이 점수가 지능지수로 간주된다. 연구자는 다음으로 무엇이 이러한 점수의 변화의 원인인가를 검토하여 두 가지 가능한 원인. 즉 부모의 지능과 교육경험의 질을 조사한다. 연구가 완료될 때 이 연구자는 지능검사의 점수에 있어서의 변량(variance) 원인에 대하여 <표 4-1>과 같은 결론을 도출한다.[1]

<표 4-1>변량의 원인

변량의 원인	전체 변화(설명)율(%)	
	하위요소의 계	전체
1. 독립변인의 직접적인 영향		50
• 부모의 지능(자녀의 높은 점수와 관련된 부모의 높은 점수)	25	
• 교육경험의 질(높은 점수와 연합되는 좋은 학교)	25	
2. 상호작용의 효과		15
• 부모의 높은 점수와 양질의 교육(점수를 놀랄 정도로 높이는)	10	
• 부모의 높은 점수와 저질의 교육	0	
• 부모의 낮은 점수와 좋은 학교	0	
• 부모의 낮은 점수와 나쁜 학교(놀랄 정도로 점수를 하락시키는)	5	
3. 측정의 오류(무의도적으로 발생하는 통제되지 않은 실수		25
4. 설명 불가 요인(무응답)		10
5. 전체 설명 변량(언제나 100%)		100

  이러한 형태의 결론은 단순히 변량(변화)의 원인을 밝혀 주는 것이지 독립변인과 종속변인 간의 정확한 관계성을 나타내지는 못한다. 다

---

1) 이것은 변량의 원인을 밝히는 데 사용된 하나의 이상적인 경우이다. 따라서 이 방법론이 조사연구를 기초로 하여 이루어지는 정확한 진술을 제공한 것인지는 분명하지 않다.

시 말해서 인과과정이 명확해지지 않는다. 다만 중요한 독립변인만이 설명된다.

3) 정언적 진술과 확률적 진술

지금까지 이 책에서 다루어 온 모든 이론적 진술은 다음과 같은 형태였다.

C_1. ……. C_n조건하에서, 만일 X가 발생하면 Y도 발생할 것이다.

이러한 형태는 아주 명확한 진술이다. 즉, X 다음에 Y가 온다는 것을 말하는 것이다. 이러한 관계형태는 종속변인 Y는 독립변인 X에 의해 결정되기 때문에 "정언적(단정적, deterministic)"이라고 불리운다. 관계의 다른 형태가 있을 수 있다. 이것은 다음과 같이 기술될 수 있다.

C_1. ……. C_n 조건하에서, 만일 X가 발생하면 P의 확률로 Y가 발생할 것이다.

이것은 앞의 관계형태와는 아주 다르다. 왜냐하면, 이것은 X가 발생할 때, Y는 P의 확률로 발생한다는 것과 $1-P$의 확률(모든 확률은 합해서 반드시 1이어야 함)로 발생하지 않는 것을 지칭하기 때문이다. 이러한 관계형태를 포함하는 진술을 확률적(개연적, probabilistic)이라고 부른다.

확률적 진술의 몇 가지 예는 다음과 같다.

- 소규모 토의집단에서, 새로운 지도자는 0.4의 확률로 주어진 행동(언어적 논평)을 할 책임이 있다.
- 미국에서 남성들이, 만일 자기 아버지가 노동자라면(또는 였다면), 아버지와 같은 직업을 가질 확률은 0.10이다
- 주사위는 여섯 면의 크기가 동일하기 때문에 한 번 던져서 어떤 면이 나올 확률은 $\frac{1}{6}$ 또는 0.1667이다.

이 책의 중심적인 초점은 과학적 지식의 전반적인 개관에 있기 때문에 정언적 진술과 확률적 진술 간의 차이를 전체적으로 다루지 않을 것이다. 그러나 과학적 지식으로서의 수락기준이 과학의 목적을 성취하는 데 있어서의 유용성에 있다면, 정언적 진술보다 확률적 진술이 덜 과학적이라고 간주하는 것은 논거가 없다.

확률적 진술은 어떤 사건, 즉 종속변인의 발생과 불발(nonoccurrence)의 두 가지를 다 예측해 주기 때문에 어떤 한 가지 경우를 보고 이 진술을 "거짓(false)"이라고 증명하기는 불가능하다. 확률적 진술의 유용성을 검증하는 일반적 전략은 정상조건하에서 정언적 진술의 검증에 요구되는 것보다 가능한 한 많은 수의 사건을 연구하는 동시에 경험적 결과를 확률적 진술의 예측과 비교하는 것이다. 예를 들어 주사위가 정말 여섯 면이 나올 확률이 동일한가(unbiased)를 결정하기 위해서는, "주사위는 여섯 변이 동일하다"는 진술이 암시하다시피, 주사위를 10,000번 던져서 한 면이 대략 1,667번($\propto 6/1$) 나오는가를 알아보는 방법이 있을 것이다.

3. 추상의 수준

추상의 수준(level of abstraction)이란 전적으로 그 진술 속에 포함된 개념의 추상수준에 달려 있기 때문에 진술들은 서로 다른 추상수준을 갖는다고 간주할 수 있다. 추상수준은 세 가지-이론적(theoretical), 조작적(operational), 구체적(concrete)-로 고찰하는 것이 편리하다. 가장 일반적인 것은 이론적 수준인데 그것은 하나의 진술이 이론적인 개념들을 포함하는 경우이다. 만약 그 이론적 개념들이 그 이론적 개념들과 관련된 조작적 정의로 대체된다면 그 진술은 조작적 수준이라고 말할 수 있다. 마지막으로, 그 조작적 정의들이 특정 연구 프로젝트의 결과나 특정의 구체적 사건의 설명으로 대체된다면 그 진술은 구체적 진술이라고 말할 수 있다.

각각의 이론적 개념에 관련된 다양한 조작적 정의가 있을 수 있고 따라서 각 이론적 진술과 관련된 다양한 조작적 진술이 있을 수 있다는 것을 이해하는 것이 중요하다. 마찬가지로, 각각의 구체적 진술은 특정의 시간과 장소에 한정적이지만 조작적 진술은 그렇지 않기 때문에 각각의 조작적 진술에 관련된 다양한 구체적 진술이 있을 수 있다. 구체적 진술의 수에는 실제적으로 한계가 없기 때문에 이론적 진술에 의해 추상적인 용어로 기술되는 특정의 구체적 진술의 수는 무한할 수도 있다.

이러한 추상상의 계층에 대한 예를 만들 수가 있다. 다음과 같은 이론적 진술을 생각해 보자.

만일 어떤 조직에서 구성원의 변화율이 일정하고 조직의 크기가 증대된다면 공식성의 정도는 증가될 것이다.

　세 가지 이론적 개념(변화율, 조직의 크기, 공식성의 정도)을 이에 상응하는 조작적 정의(개념들 간의 관계성은 변하지 않는다는 것에 주목하라)로 대체하면 다음과 같은 조작적 진술이 만들어질 수 있다.

　　조직구성원이 일정한 시간에 회사를 그만두려는 비율이 일정할 때 조직 구성원의 수가 증가한다면, 그 조직의 규정절차의 수나 명시성 역시 증대될 것이다.

　이러한 특정진술은 다음과 같이 구체적인 수준에서 특정조직의 연구 프로그램을 설명하는 데 있어서 사용되었다고 가정하자.

　　XYZ조직에서 1961년 6월 1일부터 1965년 5월 31일까지 매달 그 회사를 이직하려는 구성원들의 비율이 3.8% 와 4.6%의 사이였다(일정한 것으로 간주). 다시 말해서 이 조직의 구성원이 1961년 6월 1일에는 3,000명이었고 1965년 5월 31일에는 6,400명이었다. 그래서 조직의 지침에 있어서, 1961년 6월 1일에는 600개의 규칙이 총 200페이지에 걸쳐 4,000단어를 포함하는 것이었으나 1965년 5월 31일에는 1,000개의 규칙이 325페이지에 걸쳐 6,000단어를 포함하였다.

　이러한 진술은 확실히 이론적인 진술의 하위진술이며 또한 조작적인 진술의 하위형태(변경형태)이다.

4. 이론적 진술

대부분의 "이론들"은 관계진술, 특히 인과진술을 강조한다. 그러나
존재진술은 관계진술이 유용한 상태하에서도 종종 상황에 대한 정확
한 설명을 제공하는 데 있어서 중요하다. 다음의 예를 생각하자.

상황:
① 소규모의 대면집단이 처음으로 만난다.
② 그 집단의 구성원들의 직업이 다양하다.
③ 그 집단의 구성원들은 집단의 과업을 잘 수행하기를 원한다.
④ 그 집단의 과업이 잘되기 위해서는 모든 구성원들의 공헌이 필요
하다.
그렇다면:
⑤ 집단의 과업에 대해 유사하게 지각한 직업의 집단구성원들이 집단
의 과업에 서로 이질적으로 지각한 직업의 집단구성원보다 집단의
과업활동에 더 영향력을 행사할 것이다.

처음에 네 개의 진술, ①~④는 존재진술이다. 그래서 이것들은 진술
⑤가 채택되기 위해서 존재해야만 하는 상황을 나타낸다. 진술 ⑤는 관
계진술이다. 다시 말해서 진술 ⑤는 각 집단의 구성원이 상황, 자신의
직업에 대해 보이는 특성과 다른 집단의 구성원들과의 관계성 그리고
그 집단의 과업활동에 대해 미치는 자신의 영향력의 정도 등의 특성 간
의 관계를 기술하는 것이다. 총체적인 진술은 "C_1. C_2. C_3. C_4,……상황
에서, X이면 Y이다"는 진술 ⑤를 말하는 것이다. 앞으로 모든 이론적
진술은 추상적이면서 이러한 형태를 취할 것이며 그래서 두 개념 간의
관계가 채택될 수 있는 경우에는 일단의 상황을 설명하는 것으로 가정

하게 될 것이다. 그러나 X와 Y 간의 정언적 관계보다는 확률적 관계와 같은 다양한 변화가 있을 수 있다는 것을 이해해야 한다.

　이론적 진술은 흔히 법칙, 공리, 명제, 가설 그리고 경험적 일반화 등 다섯 개의 유형으로 언급된다. 상황에 따라서는 거의 동일한 문장 형태가 다섯 개의 이론적 진술형태—또는 동시에—를 나타내기 위해 사용될 가능성이 있다. 그러나 다른 점이 있다면 이론적 진술과 체계적(systematic) 이론 또는 경험적 결과와의 관계성이다. 이런 이유로 진술의 다섯 가지 형태는 다음의 두 부분에서 설명되는 이론(theory)과 자료(data)라는 두 차원과 관련하여 논의될 것이다.

5. 이론적 진술과 이론과의 관계

　이론을 논의하는 데 사용되는 가장 익숙한 용어 중의 하나는 "법칙(law)"이다. 근본적으로 법칙은 과학자들이 상당한 확신을 갖고, 이것은 절대적으로 "眞"일거라고 생각하는 관계성을 기술하는 진술이다. 이론의 세 가지 개념에 대해서는 제5장에서 논의하겠지만, 한 가지 중요한 점은 과학적 지식이란 본질적으로 "실제적 진"으로 간주될 수 있는 법칙체계나 진술이라는 관점이다. 법칙이라고 불리는 대부분의 진술은 언제나 구체적인 상황에서 측정되거나 밝혀질 수 있는(적절한 조작적 정의를 통해) 개념을 포함한다.

　다음 장에서 논의하게 될 또 다른 이론의 개념은 "공리적(axiomatic)" 형태의 이론이다. 공리적 형태의 이론은 각각은 서로에 대해 독립적이면서도 이론의 모든 다른 진술들이 논리적으로 도출될 수 있는 기본적인 진술들의 집합체이다(고등학교의 평면기하학은 언제나 공리 이론으로 제시된다). "공리"라고 알려진 진술들 그리고 그 공리로부터 도출된 진술들은 "명제(proposition)"라고 불리운다. 어떤 과학자들은 어느 이론의 공리로 사용되는 진술들은 동시에 당연히 "법칙"이어야 한다고 생각하지만, 그러나 왜 이것이 공리의 필수적인 특성이 되어야 하는지와 왜 이러한 관점에 대한 폭넓은 합의가 없는지에 대해 명확한 설명이 없다고 생각한다.

또한 "명제"라는 말(다음에 설명하게 될)은 가설이 사용되는 방법과 유사하지만 그 사용이 공리적 이론의 명제와는 아무런 관계가 없는, 과학적 진술의 형태로 표현되는 어떤 아이디어나 육감(hunch)을 지칭하는 데 사용된다.

"가설(hypothesis)"은 일반적으로 구체적인 상황에서 수집된 자료를 비교하기 위해 선정된 진술을 언급하는 데 사용된다. 가설의 근원은 어떤 법칙을 수정한 것일 수도 있으며 공리적 이론(공리나 명제로부터 추론된)으로부터 추론된 것일 수도 있다. 또한 가설은 과학자의 직관에 의해 생성될 수도 있다. 그러나 가설의 가장 기본적인 특징은 "실생활"에서 수집된 경험적 자료와 비교되기 위해 가설이 존재한다는 것이다. 가설은 실증적 검증을 받아야 하기 때문에 하나의 가설에 나타난 모든 개념은 구체적 상황에서 적절한 조작적 정의를 통해 측정될 수 있어야 한다.

만일 동일한 사건의 형태가 다양한 경험적 연구에서 발견된다면, 그 형태는 종종 여러 경험적 연구에 기초한 일반화로서의 "경험적 일반화 (empirical generalization)"로서 요약된다. 경험적 일반화란 여러 형태를 경험적 연구를 통해 압축한 것이기 때문에 경험적 일반화에서의 모든 개념들은 직접적으로 측정될 수 있는 것이어야 한다. 이것은 법칙만큼의 광범위한 승인을 얻지 못한다는 점을 제외하고는 법칙과 유사하다. 다시 말해서 과학자들은 경험적 일반화에 확신을 둔다기보다는 법칙에 더 큰 확신을 갖는다. 경험적 일반화는 연구결과의 요약을 제시하는 것이기 때문에 그것들은 법칙을 제외하고는 어떤 이론의 특정 개념과 체계적인 관계를 갖지 못한다. 그러나 하나의 이론이 경험적 일반화에서 압축된 관계성을 설명하기 위해 개발될 수 있다.

6. 이론적 진술과 경험적 자료의 관계성

다음의 몇 개의 어구(paragraph)들은, 다른 지향이 사용된다는 것을 제외하고는, 앞에서 동일한 아이디어를 반복할 것이다. 법칙, 공리, 명제, 가설, 그리고 경험적 일반화를 그들 간의 관계성의 관점에서 논의하겠다. 이러한 다섯 가지 형태의 진술에 대한 완벽한 이해는 아주 중요하기 때문에, 이러한 반복적 설명에 대한 비난은 만일 그것들에 이해가 증진된다면 쉽게 사라질 것이다. 반복해야 될 첫 번째 아이디어는 진술과 이론 또는 진술과 경험적 자료 간의 관계에 대한 과학자의 지각여하에 따라 아주 동일한 단어의 형태가 이들 다섯 가지 진술 중 어느 하나로 간주될 수 있다는 것이다.

법칙, 경험적 일반화 그리고 가설과 자료에 대한 관계는 정도에 관한 문제이지 형식의 문제가 아니다. 현재 사용하고 있는 이들의 명칭을 고찰해 볼 때 "법칙", "경험적 일반화", 또는 "가설"이라는 진술 속의 어떤 개념도 구체적인 상황에서 적정의 조작적 정의를 통해 측정될 수 있어야 한다.

가설은 경험적 연구의 뒷받침이 없는 진술이다. 따라서 가설은 아직 "진"인지 "거짓(위)"인지가 판명되지 않은 것이다. 어떤 연구 프로젝

트를 논의할 때 보면 항상 하나 또는 그 이상의 가설로 "검증"하도록
되어 있다. 반면 경험적 일반화란 여러 가지 경험적 연구결과를 일반
적인 형식으로 요약한 것이며 그래서 과학자들은 만약 동일한 사건이
재발된다면 미래의 구체적인 상황에서 동일한 형태들이 반복될 것이
라는 어떤 확신을 갖는다. 마지막으로, 법칙은 과학자들이 "참"이라고
간주하는, 다시 말해서 아주 많은 경험적 지지를 받는 진술이다. 만일
연구 프로젝트가 "진"으로서의 법칙과 일치하지 않는 결과를 가져온
다면 과학자들은 법칙에 대한 자신들의 확신에 회의를 갖기보다는 즉
각적으로 그 연구 프로젝트를 의심하게 될 것이다.

요약하자면, 만약 어떤 진술이 경험적 증거에 의해 옹호되거나 반박
되지 않는 상태라면 이 진술은 가설이라고 부를 수 있고, 적절한
(moderate) 경험적 지지가 있으면 이는 경험적 일반화로 지칭되며 경
험적 지지가 압도적이면(overwhelming) 법칙이라고 부를 수 있다. 과
학자들은 이론적 진술을 평가하는 기준이 서로 다르기 때문에 어느 사
람에게는 법칙인 것이 다른 사람에게는 가설로 될 수 있다는 점에 주
의해야 한다.

공리적 이론의 일부분인 진술로서의 공리와 명제, 그리고 경험적 자
료 간의 관계는 훨씬 덜 직접적이다. 공리와 명제가 "가설적"인 개념
을 포함하고 직접적으로 측정될 수 없는 한, 경험적 실재와 이들의 관
계는 가설, 경험적 일반화 또는 법칙과의 관계보다 훨씬 더 소원하다.
그러나 공리와 명제는 가령 가설과 같은 경험적으로 측정 가능한 개념
을 포함하는 진술을 추론하는 방법 속에서 결합될 수 있으며 그런 경
우 그것들의 유용성은 이들 추론된 진술과 경험적 세계 간의 일치 정
도에 의해 결정된다. 이에 대해서는 다음의 두 장에서 구체적으로 논
할 것이다.

다음의 진술들은 연구자의 접근과 목적에 따라 법칙, 경험적 일반

화, 가설, 공리 또는 명제 중 어느 하나에 해당될 수 있다.

- 만일 가스의 부피가 일정하면, 온도의 상승은 압력의 상승을 가져올 것이다.
- 만일 조직구성원의 변화율이 일정하고 조직규모가 커지면, 공식성의 증대가 수반될 것이다.
- 만일 어떤 사람이 어떤 대상에 대해 좋은 친구로서의 좋은 태도를 갖게 된다면, 그는 친구나 사람에 대한 자신의 태도를 바꾸지 않을 것이다.
- 어떤 사람이 어떤 대상에 대해 좋은 친구와 서로 다른 태도를 갖는다면, 그는 그 대상에 또는 친구에 대한 자신의 태도를 바꿀 것이다. 상류 또는 엘리트사회계급 출신들은 다른 사회계급보다 서로 다른 계급의 출신자들로 구성된 집단에서 더 많은 영향력을 행사한다.

이 모든 진술들은 이론적 진술의 형태를 갖고 있다. 즉 이것들은 추상적이며 개념들 간의 관계성을 기술해 준다. 이들 진술에 사용된 개념들은 직접적으로 조작적 정의에 관련되고 그러므로 구체적인 상황에서 측정될 수 있는 것이기 때문에, 그것들은 법칙, 경험적 일반화 또는 가설로 쓰인다.

다음의 진술들은 공리나 명제로 사용될 수 있다.

- 본능 또는 이드(원초아)의 욕구는 실제적 또는 상상적인 감각인식에 의해 충족된다. 만일 어떤 사람이 어떤 대상에 대한 친구의 태도에 동의하지 않으면 심리적 긴장의 상태가 나타난다.
- 불균형된 인지구조에 의해 생성된 심리적 긴장상태는 그 인지구조를 변화시킬 수 있는 힘을 만들어 낸다.

그러나 이 진술들은 법칙, 경험적 일반화 또는 가설로 쓰일 수 없다.

왜냐하면, 그것들은 조작적 정의를 사용하는 구체적 상황에서 규명될
수 없는 개념들을 포함하기 때문이다. 기본적으로 법칙, 경험적 일반
화 또는 가설로 사용되는 진술 속의 개념들은 조작적 정의에 의해 상
세화된 절차를 활용하는 구체적 상황과 직접적 관계를 맺어야 한다.

7. 요약

이론적 진술의 형태 즉, "C_1. C_2……. C_n 상황에서, X이면 Y이다."는
과학적 지식체계의 가장 중요한 요소들이다. 그것들은 설명, 예측 또는
원인이해력이 제공되기 전에 요구되는 조건들이다. 조건 C_1, C_2…….
C_n은 관계진술—X이면 Y이다—이 적용될 수 있는 환경을 기술하는
존재진술이다. 이들 진술은 여러 추상의 수준에서 전개 될 수 있으나
언제나 이론적 지식은 조작적 정의보다 추상적이며 조작적 정의는 구
체적 사건의 설명보다 더 추상적이다.

관계진술은 연합의 진술(또는 만일 양화되면 상관)로서의 둘 또는
그 이상의 개념 간의 연합(결합) 또는 둘 이상의 개념 간의 인과적 관
계를 밝히는 인과의 진술일 수 있다.

이론적 진술은 그 진술의 경험적 지원 정도에 따라 법칙, 경험적 일
반화 또는 가설일 수 있다. 그리고 이론적 진술은 이론적 진술의 체계
적 집합체로서의 이론과의 관계성에 따라 법칙, 공리 또는 명제일 수
있다.

5. 이론의 형태

　과학적 지식은 기본적으로 추상적인 이론적 진술의 집합체이다. 하나의 이론이 성립되기 위해 이러한 진술들이 어떻게 조작되어야 하는가에 대해서는 서로 다른 세 가지 개념이 있을 수 있다. 즉 이론의 세 가지 진술형태란 ① 법칙체계로서의 이론, ② 공리형태로서의 이론, ③ 인과과정으로서의 이론을 말한다. 이 장의 목적은 이러한 이론의 다양한 예를 제시하는 동시에 과학의 목적에 비추어 각각의 장·단점을 밝히는 것이다. 예증을 위해서 Hopkins(1964)가 개발한 하나의 진술체계를 서로 다른 세 가지 형태로 제시하겠다.

1. 법칙체계형

　법칙체계형(set-of-laws form)의 이론은 단지 법칙이라고 생각될 수 있는 제 진술을 과학적 지식의 부분으로 인정하는 것이다. 그러므로 일단의 법칙들은 이론으로 간주된다. 제4장에서 언급한 것처럼, 모든 법칙은 직접적으로 경험적 연구에 의해 지지되어야 한다. 이 말은 법칙에서 사용되는 모든 개념은 구체적인 상황에서 그 실체가 명백히 나타나도록 해 주는 조작적 정의가 가능하여야 하는 것이다.

　모든 개념의 "측정 가능성"에 덧붙여, 어떤 과학자들은 단지 관계진술만을 이론이라고 부르는가 하면 그 중에서도 개념 간의 연합관계보다는 인과적 관계를 내포한 관계진술만을 이론이라고 부르기도 한다. 따라서 그들은 다음과 같은 진술은 이론에서 제외한다.

　모든 사회체제는 독자적인 지위계층을 갖고 있다.

그러나 이러한 주장에 내포된 한계점은 현상의 기술에 유용할 수도 있는 많은 진술들을 이론의 범주에서 제외시킬 수 있다는 점이다. 가령,

모든 생명체는 결국 죽는다.

이 진술은 죽음의 원인이 무엇이며 또한 죽음이 언제 닥쳐올 것인가를 나타내는 것이 아니라 단지 "죽음"이라는 개념이 어느 시점에서는 모든 생명체에 대한 적절한 기술이 된다는 점을 밝히는 것이다.

여기에서 기술되는 모든 법칙은 구체적인 상황에서 직접적으로 측정될 수 있는 이론적 개념들을 포함하며, 따라서 대부분의 법칙들은 두 개념 간의 인과적 관계를 기술해 줄 것이다.

몇 가지 예를 고찰한 후에 이론의 법칙체계적 개념을 자세히 고찰하겠다.

예시 ⑥

과두정치의 철의 법칙(Michels, 1959)[2]

……인간이란 비극적인 필요에 의해서 다수가 소수의 지배를 받도록 운명지워져 있으므로 다수의 사람들은 과두정치의 바탕을 형성하는 대상(content)일 수밖에 없다(**Michels, 1959. p.390**).

보다 현대적인 용어로써, 다음과 같은 개념을 사용할 수 있다.
• 사회체제: 조직화되고 집합적인 관심(예, 집단목적)을 갖고 있는 개인들의 집단.

---

2) 이 장의 후반에서 논의되겠지만 **Michels**은 이러한 진술을 일단의 과정을 요약한 것으로 간주하였으며, 과학적 지식이 법칙체계로 조직되어야 한다는 것을 제안하지는 않았다는 점은 명확하다.

- 민주적 지도성: 지도자를 직접적으로 선출하든 간접적으로 선출하든 간에 그 사회조직의 모든 구성원들이 그 사회체제와 구성원들에게 영향을 미치는 제반사항을 통제하는 일에 동등하게 참여함.
- 과두적 지도성: 사회체제나 그 구성원들에게 영향을 미치는 모든 사항을 구성원들로부터 특권을 부여받은 도당(clique)들이 전적으로 통제.

따라서 "과두정치의 철의 법칙"이란 다음과 같이 재진술될 수 있다.

처음에는 민주적 지도성을 활용하는 사회체제에 있어서도, 영속적인 유일의 지도성 형태는 과두적 지도성이며 어떤 사회체제도 결국은 과두적 형태의 지도성을 발전시킨다.

"과두정치의 철의 법칙"은 존재진술의 형태라는 점을 유의하라. 이 진술은 과두정치가 전개되는 원인으로서의 어떤 개념이나 변인을 언급하지 않는다. 이것은 단지 모든 사회체제는 궁극적으로 과두정치 형태의 지도성을 발전시킨다는 것을 진술할 뿐이다.

예시 ⑦

조작적 행동의 법칙들3)

다음의 정의들은 이들 법칙을 이해하는 데 있어서 중요하다.

- 조작적 행동: 자체의 환경에 영향을 주거나 환경을 조작하는 개인(유기체) 또는 사회체제(가령, 과입지향집단 등)의 어떤 측정 가능한 반응. 예컨대 언어, 지레의 압력, 직무활동 등.
- 행동의 형태: 그 유기체가 표출하는 실제행동. 예컨대 언어형태가 서로 다르고, 파란 지레를 누르는 것은 빨간 버튼을 누르는 것과 다르다.

---

3) 이 장의 후반에서 논의되겠지만 Michels은 이러한 진술을 일단의 과정을 요약한 것으로 간주하였으며, 과학적 지식이 법칙체계로 조직되어야 한다는 것을 제안하지는 않았다는 점은 명확하다.

• 행동의 비율: 시간단위당 그 행동이 나타나는 활동(action)의 수로서의 빈도. 예컨대 어떤 아이가 일 분에 한 번 "아빠"라고 부르는 것은 일 분에 열 번 "아빠"라고 부르는 것보다 낮은 비율로 행동을 나타내는 것이다.

• 보상: 유기체의 관점에서의 바람직한 어떤 결과. 정적 보상은 기쁨을 증가시키고 부적 보상은 고통을 가져온다.

• 상황성: 과거 행동의 결과. 유기체의 관점에서 보상을 얻기까지의 과정, 그리고 행동의 비율과 형태 간의 관계.

• 강화스케줄: 유기체에 대한 관찰자, 환경체제의 관점에서 조작적 행동의 발생과 보상형태간의 특정의 관계성. 강화스케줄은 두 종류로 분류될 수 있다.

계속적 강화—모든 조작적 행동 뒤에 수반되는 강화스케줄.

간헐적(부분적) 강화—보상의 체제가 보다 단순한 형태로, 행동과 직접적으로 관계되지 않는 강화스케줄. 보상이 시간적 간격을 두거나(지연적 스케줄, interval schedule) 또는 어떤 여러 행동이 발생된 뒤에(행동의 비율을 보상이라고 생각하는 비율적 스케줄, ratio schedule) 보상이 올 수도 있다.

강화스케줄에서의 두 가지 형태의 변화가 흥미롭다. 즉,

학습—유기체 환경체제에 관한 관찰자의 입장에서, 계속적이든 간헐적이든 강화가 전혀 없는 상태에서 어떤 형태든 강화스케줄의 변화.

소거—유기체 환경체제에 관한 관찰자의 입장에서, 계속적이든 간헐적이든 강화 스케줄이든 전에 보상을 받은 조작적 행동에 대해서는 더 이상 보상을 주지 않는 변화.

이러한 개념을 사용하여, 조작적 행동에 관한 두 가지 법칙을 진술할 수 있다.

진술 I. 유기체는 학습상황에서 간헐적인 강화스케줄보다는 계속적인 강화스케줄이 제공될 때 더 빨리 적절한(보상된) 행동을 규칙적으로 연출할 것이다.

진술 II. 소거의 과정에서 유기체는 모든 보상이 종결되기 이전에는 간

혈적 강화스케줄보다는 계속적 강화스케줄을 사용하였을 때
과거에 보상된 행위를 수행하는 것을 더 빨리 멈출 것이다.

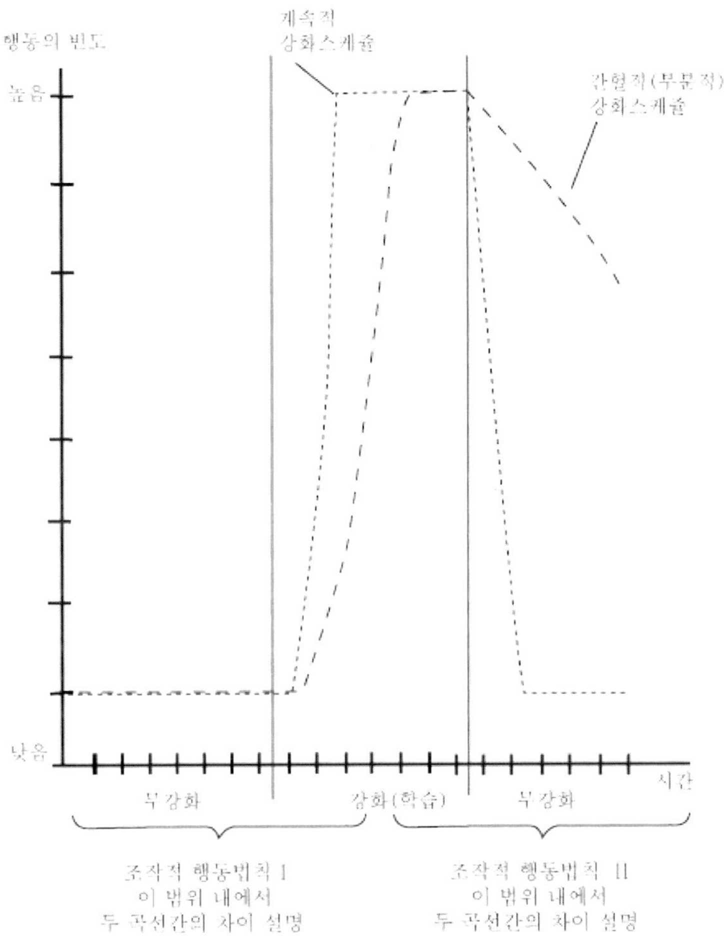

<그림5-1> 조작적 행동의 학습과 소거에 관한 계속적 강화와 간헐적
강화 스케줄의 영향

서로 다른 강화스케줄하에서 나타나는 행동의 형태를 <그림 5-1>에
그래프식으로 제시하였다. 즉 이 두 가지 법칙은 두 가지 행동의 형태
간의 차이를 이해하도록 해 준다.

첫 번째 법칙은 만일 행동과 보상 간의 관계가 계속적이거나 명확하
다면 양자의 관계가 간헐적인(명확하지 않은) 경우보다 보상받은 행동을
더 빨리 연출할 것임을 말해 준다. 두 번째 법칙은 만일 보상이 간헐적
인 경우, 계속적 강화스케줄에 익숙한 유기체는 간헐적 강화스케줄에
익숙한 유기체보다 행동을 더 빨리 종식할 것임을 말해 준다.

제4장에서 논의한 것처럼 "법칙체계"로서의 이론의 개념을 사용해
서 어떤 이론의 발전을 생각하는 하나의 방법은, 추상적인 이론적 진
술이란 경험적 지지의 정도가 서로 다르다고 생각하는 것이다. 경험
적 지지가 전혀 없는 이론적 진술은 가설(hypotheses)이며, 어느 정도
의 경험적 지지가 있는 것은 경험적 일반화(empirical generalization)
이며, 나아가 경험적 지지의 정도가 강한 것은 법칙(law)으로 간주된
다. 다음의 예에서도 진술체계는 동일한 형식으로 조직된다.

이러한 예도 이론가인 Hopkins(1964)가 자신의 이론 속에 포함된
각 진술의 경험적 지지 정도를 면밀히 검토하였기 때문에 가능하다.

예시⑧

소집단에서의 영향력 행사(Hopkins, 1964)

소규모적 대면집단의 구성원들의 특성을 전부 열거한 다음의 개념들
은 Hopkins가 사용한 것이다.

계급: 그 집단의 구성원들이 평가한 것으로서, 다른 구성원과 비교하여
    어떤 구성원이 점하고 있는 위치나 가치에 대한 일반적인 합의.

구심성: 집단의 상호작용체계 내에서 중심부에의 접근 정도. 따라서 구
　심성이란 어떤 구성원이 집단의 다른 구성원들과의 상호작용에 참
　여하는 빈도와 다른 구성원들과 상호작용하는 범위를 말한다.
규범준수성: 집단의 구성원들이 갖는 실제적 규범 즉 집단의 규범을
　준수하는 객관적 능력.
동조성: 어떤 규범에 관한 그 구성원의 실제적 신념과 그 규범에 대한
　집단의 입장(다른 구성원들의 보편적 인식) 간의 일치성 정도.
영향력: 집단 내 다른 구성원의 행위에 미치는 그 구성원의 객관적 영향.

　　Hopkins(1964, pp.97~98)는 자신의 이론을 논하면서 자기 이론에 나
타난 15개의 명제 모두에 대한 경험적 지지의 객관적 정도를 고찰하였
다.4) Hopkins의 판단으로 그 명제들에 대한 경험적 지지의 정도를 분
류하면 이들 진술들은 다음과 같다.

① 양호한(good) 경험적 지지(법칙의 수준).
　계급이~하면, 구심성은~하다.
　규범준수성이~하면, 동조성은~하다.
　구심성이~하면, 영향력은~하다.
　구심성이~하면, 계급은~하다.
② 상당한(some) 경험적 지지(경험적 일반화의 수준).
　구심성이~하면, 규범준수성은~하다.
　계급이~하면, 규범준수성은~하다.
　구심성이~하면, 동조성은~하다.
　영향력이~하면, 동조성은~하다.
　계급이~하면, 영향력은~하다.
　영향력이~하면, 계급은~하다.
③ 전무한(no) 경험적 지지(가설의 수준).

---

4) Hopkins는 자신의 아이디어들을 공리형태로 제시한다. 즉, 이러한 설명은 이론의
　법칙체계적 개념을 예시하기 위해서만 사용한다. Terence K. Hopkins가 설명한
　"소집단에서의 영향력 행사"(Totowa. N. J: The Bedminster Press. 1964)는
　Bedmiaster출판사와 그 저자의 허락하에 사용한다.

규범준수성이~하면, 영향력은~하다
동조성이~하면, 영향력은~하다.
영향력이~하면, 규범준수성은~하다.

이러한 예를 통하여, 과학의 목적을 달성하는 데 있어서 "법칙체계"로서의 이론이 갖는 유용성을 생각할 수 있다. 첫째, 이러한 진술로 된 개념들은 연구의 대상이 되는 현상을 분류하고 조직하는 데(분류체계의 제공) 사용될 수 있다. 예를 들어 사회체제가 민주적인 지도성 형태냐 과두적인 지도성 형태냐로 분류될 수 있다. 어떤 유기체의 조작적 행동의 비율도 높으냐 낮으냐로 분류될 수 있다. 유기체의 행동과 그 결과 간의 관계, 즉 강화스케줄은 계속적인 것과 간헐적인 것으로 분류될 수 있다. 소규모의 대면집단에 속한 개인은 자신의 계급, 구심성, 규범준수성, 동조성 또는 영향력에 의해 분류될 수 있다. 모든 경우의 분류란 법칙의 개념 또는 법칙체계와 관련된 법칙체계로서의 이론의 개념과 일치한다. 분류체계의 제공이라는 과학적 지식의 첫 번째 목적은 확실히 법칙체계로서의 이론의 형태를 통하여 달성된다.

논리적 설명과 예측의 제공이라는 과학적 지식의 두 번째 목적도 법칙체계를 통하여 달성될 수 있다. 다음의 세 가지 예는 어떤 구체적 행동형태를 예측하거나 설명하기 위해 제시될 수 있다.

① X년이라는 역사의 어느 시점에, 모든 시민은 중요한 모든 문제에 대하여 투표할 권리가 있을 뿐만 아니라 자신의 그러한 권리를 행사하지 않을 시에는 벌금을 내야 하는, 감마라는 어느 조그만 도시를 가정하자. X년보다 2000년이 더 지난 후에 비록 개인 복장이나 머리모양에 관련된 문제이기는 하지만 감마시민을 대신하여 일단의 소수의 사람들이 전적으로 결정을 내리는 것이 목격되었다. 확실히 감마시는 X년에는 민주적 통치형태를 갖고 있었으나 2000년이 더 지난

X＋2000년에는 과두적 통치형태를 갖고 있었다, 어떤 사회체제이든 민주적 형태의 지도성은 과두적 형태의 지도성으로 변한다는 것을 나타내는 진술인, Michels의 "과두정치의 철의 법칙"은 감마시의 정치체제상의 변화를 논리적으로 예측하고 설명하기 위해 사용될 수 있을 것이다.

② 두 학생이 대학에 입학하여 도서관에서 공부를 하던 중 휴식을 위해 음료를 마신다. 철수라는 한 학생은 1시간 반 정도 후에나 작동될지 예측하기 어려운 음료 자판기가 있는 지하실의 학생휴게실을 이용하고, 민수라는 다른 학생은 음료 자판기가 언제나 잘 작동되는 양호한 건물 맨 위층의 학생휴게실을 이용한다. "예측할 수 없는" 자판기를 사용하고 있는 철수가 음료를 빼내기 위해 자판기에 동전을 계속 투입하고 있는 동안 "양호한" 자판기를 사용하고 있던 민수는 동전을 한 번 투입한 후 동전을 잃어버려 더 이상의 동전 투입을 멈춘다. 행동에서의 이러한 차이는 조작적 행동에 관한 예의 법칙 Ⅱ로 설명될 수 있다. "양호한" 자판기를 이용하는 민수의 행동(동전과 음료의 교환행위)은 계속적인 강화스케줄로 간주될 수 있고 "예측할 수 없는" 자판기를 통한 철수의 행동은 간헐적인 강화스케줄로 간주될 수 있다. 조작적 행동 예의 법칙 Ⅱ는 가령 간헐적 강화스케줄에 익숙한 철수는 계속적인 강화 스케줄에 익숙한 민수보다 보상(음료)이 계속되지 않은 후에는 보다 재빨리 행동(자판기에 동전투입)을 나타낼 것이라는 진술이다.

③ 마지막으로, Hopkins(1964)가 개발한 "소집단 영향이론"이라는 공식에 나타난 네 가지 법칙 중 하나 즉, "만약 구심성이~하면, 계급은~하다"를 예로 들자. 이 진술은 대면집단에서 구성원 간의 상호작용체계의 중심부에의 접근이라는 구성원의 구심성에 따라 잘라지는 개인의 객관적 계급 또는 명망도를 예측하는 데 사용될 수 있다.

법칙: 소규모 대면집단에서 구심성이 낮으면, 계급도 낮다.

상황X: 소규모 작업집단에서 민수가 다른 구성원들보다 집단의 상호작용에 더 많이 참여한다면, 그는 높은 구심성을 갖고 있다.

그러므로 민수는 그 집단에서 마땅히 높은 계급(명망도)을 가져야 한다. 다른 세 법칙도 그 집단에서 민수의 상대적 위치의 다른 특성을 예측하거나 설명하는 데 사용 될 수 있다.

    법칙체계형으로서의 과학적 지식은 분류체계나 예측, 설명을 제공하는 것처럼 보인다. 나아가 그 진술이 아주 정확하다면 통제력도 제공한다. 그러나 그것들은 논의되는 현상에 대한 원인식별력을 제공하지는 못한다. 어떤 사회적 과정이 잘 조직화된 집단으로 하여금 과두적 지도성의 구조를 발전하도록 하는가? 어떤 집단과정이 사람들로 하여금 대면집단에서 높은 계급(명망도)을 얻기 위한 상호작용형태에서 보다 중심적이 되도록 하는가? 이러한 형태의 질문들은 법칙체계형의 이론에 의해서는 그 답이 구해질 수 없다. 그러므로 과학적 지식이 법칙체계의 형태로 조직된다면, 과학자는 이해력을 제공할 수 없기 때문에 과학의 모든 목적을 달성할 수는 없다.

    과학적 지식에 대한 이러한 개념은 여러 가지 불리한 점도 있다. 첫째, 법칙은 직접적으로 경험적 연구에 의해 지지되기 때문에, 법칙에 사용되는 모든 개념들은 최소한 구체적인 상황에서 그 이론적 개념들의 실체가 확인되도록 하는 조작적 정의를 가져야 한다. 이것이 측정 불가능한 개념이나 가설적 구성개념들이 이론적 진술에서 사용될 수 없도록 하는 이유이다. 앞에서 언급한 것처럼 이것이 과학에서 현재 활용되고 있는 많은 개념, 특히 자기중심성, 권위주의 등과 같은 어떤 효과를 가져오는 사물의 경향성을 언급하는 경향적 개념(dispositional concepts)들이 이론적 진술에서 사용되지 못하도록 하는 원인이다. 경향적 개념 즉 철의 인력, 절대자에 대한 지각경향(좋든 나쁘든) 등의 결과를 측정할 수는 있지만 실제 그 개념은 존재하지 않는다.

    둘째, 일단의 법칙을 구성하는 진술들은 서로 독립적이며 관계가 없는 것으로 가정한다. 이것이 여러 가지 불리한 점을 초래한다. 이것은 모든 개념들의 관계성은 이론적 진술이나 법칙을 요구하기 때문에 최종적인 진술체계는 아주 "수"가 많다는 것을 의미한다. 또한 진술들을 독립적인 것으로 간주하기 때문에, 하나의 진술 또는 법칙을 지지하는 연구가 다른 진술이나 법칙을 지지하는 연구로 인정될 수 없다. 이론적 진술을 조직하는 여러 가지 다른 방법과 비교할 때, 법칙체계형은 더 많은 연구를 필요로 함으로 비효율적이다. 그러나 이것은 사용하는 연구전략에 따라 달라진다(자세한 논의는 제7장을 보라).

요약하면, 과학적 지식의 개념을 법칙체계형으로 간주하는 것은 과학자들로 하여금 과학의 목적 중 일부-분류체계, 예측과 설명-와 나아가 그 법칙이 세심하게 구체화 될 때 "통제력"까지도 제공한다. 그러나 법칙은 현상을 설명하는 데 논리적으로 사용될 때라도 결코 원인이해력을 제공할 수는 없다. 법칙체계를 개발하는 데 관심을 두면 측정 불가능하거나 가설적인 이론적 개념들은 적용 가능한 개념의 범주에서 제외된다.

결국, 아마도 **90%**가 넘는 대부분의 인간지식은 법칙이나 경험적 일반화의 기준 즉 관찰 가능한 두 개념 간의 관계를 충족시키는 진술들로 구성된다. 특히 이것은 기계, 공학 또는 행정과 같이 구체적인 인과 과정에 대한 정확한 이해가 없이 "판단"으로만 위장되고, "주먹구구식 법칙"이 적용되는 분야의 "실용적 지식"의 경우는 더욱 그렇다. 반면에 원인이해력을 포함하여 이러한 실용적 지식을 설명할 이론이 없다는 것은 이 분야들에서 일할 과학자가 더 많이 필요하다는 것을 의미한다.

2. 공리형태

공리적 형태의 이론은 다음과 같은 여러 가지 중요한 특징을 갖는 상호 관련된 정의와 진술의 체계로 정의된다.

① 일차적이든 파생적(명명적)이든 간에, 이론적 개념과 조작적 정의(구체적 상황에서 추상적인 이론적 개념의 실체를 확인하게 해 주는)를 포함하는 일단의 정의.

② 그 이론이 적용될 수 있는 상황을 기술해 주며 그 이론이 적용 가능할 것으로 고려되는 조건의 범위(scope of conditions)를 기술해 주기 때문에 종종 범위조건이라고 지칭되는 일단의 존재진술(이러한 진술은 구체적 또는 "실제적" 현상에 적용되는 것으로 생각되지 않는 수학에서처럼 완전히 상상적 이론(imaginary theory)에서는 필요가 없다).

③ 다음의 두 가지로 구분되는 일단의 관계진술,
   a. 공리: 바로 그 이론에 속하는 다른 모든 진술이 도출될 수 있는 일단의 진술.
   b. 명제: 공리들 간의 결합, 공리와 명제들 또는 다른 명제들의 결합에서부터 도출되는 그 이론의 모든 다른 진술.

④ 논리적 체계
   a. 진술 내의 모든 개념을 관련시킨다.
   b. 공리, 공리와 명제의 결합, 또는 다른 명제들로부터 명제들을 도출한다.

아마도 평면기하학은 가장 널리 알려진 공리적 이론이다. 사실 대부분의 수학이론들은 이러한 형태를 취한다.

사회과학이나 인간현상에 관계되는 공리적 이론의 예를 드는 것은 지극히 어렵고, 초보적인 설명에 필요한 아주 쉬운 예를 찾는다는 것은 힘들기조차 하다. 그러나 Hopkins(1964)는 자신의 진술을 이러한 공리적 형태로 제시한다.

예시 ⑨

소규모 집단에서의 영향력 행사(Hopkins, 1964)

이 이론에서 중요한 정의들은 앞에서 이미 정의된 계급, 구심성, 영향력, 규범준수성 그리고 동조성이다.

단지 범위조건은 이 이론은 각각의 구성원들이 모든 상대방 구성원에 대해 개인적인 감정을 형성할 기회가 있는 소규모의 상호작용집단에 적용될 뿐이라는 것이다.

Hopkins는 9개의 진술문을 공리로 선정하였다.

A-1 계급이 ~하면, 구심성은 ~하다.
A-2 구심성이~하면, 규범준수성은~하다.
A-3 구심성이~하면, 동조성은~하다.
A-4 규범준수성이~하면, 동조성은 ~하다.
A-5 동조성이~하면, 규범준수성은~하다.
A-6 규범준수성이~하면, 영향력은~하다.
A-7 동조성이~하면, 영향력은~하다.
A-8 영향력이~하면, 동조성은~하다.
A-9 영향력이~하면, 계급은~하다.

이들 공리는 새로운 진술이나 명제를 만들기 위해 서로 결합될 수 있다. 예를 들어 공리 A-1과 A-2는 다음과 같은 새로운 명제를 만들기 위해 결합될 수 있다.

A-1 계급이~하면, 구심성은~하다.
A-2 구심성이~하면, 규범준수성은~하다.

그러므로 계급이~하면, 규범준수성은~하다.
일단의 다른 공리들도 동일한 명제를 만들기 위해 결합될 수 있다.

A-1 계급이~하면, 구심성은~하다.
A-3 구심성이~하면, 동조성은~하다.
A-5 동조성이~하면, 규범준수성은~하다.
그러므로 계급이~하면, 규범준수성이~하다.

가능한 모든 공리들의 결합을 통해서, 4개의 형식(4개의 서로 다른 공리의 결합)으로 된 11개의 명제를 산출하는 것이 가능하다. 다양한 형태로 사용되는 이들 명제나 공리들은 다음과 같다.

변형에 사용된 공리	명제	
A-1, A-2 A-1. A-3. A-5	P-1	계급이～하면, 규범준수성이～하다.
A-1. A-3 A-1. A-2. A-4	P-2	계급이～하면, 동조성은～하다.
A-2. A-6 A-2. A-4. A-7 A-3. A-7 A-3. A-5. A-6	P-3	구심성이～하면, 영향력은～하다.
A-8. A-7 A-9. A-1. A-2	P-4	영향력이～하면, 규범준수성은～하다.
A-1. A-3. A-7 A-1. A-3. A-5. A-6 A-1. A-2. A-6 A-1. A-2. A-4. A-7	P-5	계급이～하면, 영향력은～하다.
A-3. A-7. A-9 A-3. A-5. A-6. A-9 A-2. A-6. A-9	P-6	구심성이～하면, 계급은～하다.

변형에 사용된 공리   명제

변형에 사용된 공리	명제	
A-1, A-2 A-1. A-3. A-5	P-1	계급이~하면, 규범준수성이~하다.
A-1. A-3 A-1. A-2. A-4	P-2	계급이~하면, 동조성은~하다.
A-2. A-6 A-2. A-4. A-7 A-3. A-7 A-3. A-5. A-6	P-3	구심성이~하면, 영향력은~하다.
A-8. A-7 A-9. A-1. A-2	P-4	영향력이~하면, 규범준수성은~하다.
A-1. A-3. A-7 A-1. A-3. A-5. A-6 A-1. A-2. A-6 A-1. A-2. A-4. A-7	P-5	계급이~하면, 영향력은~하다.
A-3. A-7. A-9 A-3. A-5. A-6. A-9 A-2. A-6. A-9	P-6	구심성이~하면, 계급은~하다.

A-2. A-4. A-7. A-9

A-9. A-1   P-7   영향력이~하면, 구심성은~하다.

A-7. A-9   P-8   동조성이~하면, 계급은~하다.
A-5. A-6. A-9

A-6. A-9   P-9   규범준수성이~하면, 계급은~하다.
A-4. A-7. A-9

A-7. A-9. A-1   P-10   동조성이~하면, 구심성은~하다.
A-5. A-6. A-9. A-1

A-6. A-9. A-1   P-11   규범준수성이~하면, 구심성은~하다.
A-4. A-7. A-9. A-1

이 목록은 앞절에 나타난 원래의 목록이 아니다. 왜냐하면 Hopkins는 명제 7~11은 "이론적으로 흥미가 없다"고 생각하여 이에 대해 논하지 않았다.

공리적 형태의 이론을 다루는 데 있어서 가장 중요한 문제의 하나는 공리를 선정하는 방법을 결정하는 일이다. 다시 말해서 어떤 진술을 선정하여 이것을 공리라고 부르기 위해서는 어떤 기준이 적용되어야 할 것인가? 여기서 요구되는 것이 일관성(consistency)이다. 두 개의 공리 또는 어떤 공리들의 결합이 상충되는 예측을 내려서는 안된다. 일관성의 기준 외에 실체적(substantive) 이론들의 기준을 설정하는 일이 어렵다.

수학에서처럼 완전히 추상적이고 "실세계"의 어떤 특징과는 독립적인 논리적 체계를 다루는 데 있어서, 공통된 기준은 모든 다른 진술이 도출될 수 있고 단순성이나 핵심적 내용(elegance)을 반영하는 가장 적은 수의 공리를 선정하는 것이다. 이러한 것은 실체적 이론, 특히 이것이 그 이론을 이해하는 데 어렵게 만드는 경우에는 부적절하다고 생각할 수 있다.

진지하게 고려할 한 가지 기준은 법칙의 수준(status of law)에 도달한 제 진술을 공리로 인정하는 것이다.5) 만약 이 기준이 수락된다면, 이론의 공리적 형태는 일단의 법칙을 조직하고 통합하는 절차가 된다. 그러나 기억할 것은 법칙이 되는 어떤 진술도, 이것이 법칙으로 간주되기 이전에는 상당한 정도의 경험적 지지를 받아야 한다는 것이다. 이 말은 공리로 사용된 모든 진술과 진술에 포함된 개념들은 구체적인 상황과 직접적으로 일치해야 함을 의미한다. 이것이 그 자체로서 공리의 가장 유용한 장점 중 하나를 제거시키는 역할을 하는 가설적 또는 측정 불가능한 개념이 공리적 이론에 포함되는 것을 막는 비결이다.

실제적 내용과 관련된 공리적 이론을 다루는 데 있어서는 그것이 아무리 장황하더라도 그 이론을 가장 이해하기 쉽게 해 주는 상호 독립된 진술체계들을 공리로 선정하는 것이 적절하다. Blalock(1969, p. 18)은 이것은 공리로 사용되는 두 개념 간의 직접적인 인과관계를 기술해 주는 진술이 존재할 때 달성된다고 제안한다. 이것이 Hopkins(1964)가 사용한 기준이며 합리적인 제안으로 보인다. 그러나 많은 상이한 진술들이 보다 명확히 이해된다(학자들 간의 보다 공동의 합의가 존재한다)고 밝혀진다면, 이론가들은 이를 보다 자유스럽게 사용할 것이다. 이것이 이론을 기술하는 데 있어서의 모호성을 줄이고자 Blalock이 상정한 목표이다.

법칙체계적 이론의 개념에서의 진술처럼 공리적 형태의 이론에서의 진술은 설명이나 예측을 논리적으로 도출하는 데 사용될 수 있다. 그러한 이론에 포함된 개념은 또한 사건을 분류하고 조직하는 데 사용될

---

5) Costner와 Leik(1964)은 공리적 형태의 이론을 검증하는 문제를 비판하는 가운데 이러한 기준을 가정한다.

수 있다. 그러나 설명의 논리적 개념은 이러한 이론의 형태로 활용되기 때문에, 공리적 형태는 "원인이해력"을 제공하지는 못한다.

그러나 공리적 형태의 이론은 법칙체계형의 이론에 비해 몇 가지 이점이 있다. 첫째, 많은 진술들이 다른 진술에서 도출될 수 있기 때문에 모든 개념이 측정 가능할 필요는 없다. 그러므로 이론을 전개하는 데 있어서 측정 불가능한 개념 또는 가설적 개념들이 사용될 수 있다. 둘째, 과학적 이론을 표현하는 진술들의 수가 보다 적어질 수 있다. 모든 쌍의 개념들 간의 관계성을 기술하기 위해 하나의 진술을 필요로 하는 것보다 일단의 공리나 논리적 체제가 대량의 상호독립된 진술을 만들기 위해 사용될 수 있다. 셋째, 연구(공리적 형태의 이론을 이용한)는 보다 효율적일 수 있다. 이론은 상호 관련된 진술의 체계이기 때문에 어떤 하나의 진술에 대한 경험적 지지는 전체이론에 대한 지지를 제공하며 그럼으로써 그 이론을 구성하는 다른 진술을 지지하는 경향이 있다. 제7장에서 논의되겠지만 이러한 형태의 이론은 이론반영적 연구전략(theory-then-research strategy)에 보다 적절하다. 넷째, 공리적 형태의 이론은 이론가들로 하여금 자신의 가정 또는 공리의 계열성을 모두 검토하도록 해 준다. 세심한 공식화는 이론의 어떤 개념화나 패러다임으로부터 도출되는 상당히 충격적이고 "무의도적인 결과"를 가져온다.

마지막으로 공리적 형태의 이론은 다음 절에서 설명될 인과과정적 이론의 형태와 양립될 수 있다. 흔히 공리적 이론을 구성하는 진술들은 독립변인에서의 변화와 종속변인에서의 변화를 관련시키는 과정에 대한 인과적 설명을 제공하는 것과 같은 방법으로 조직될 수 있다. 이렇게 될 경우 그것들은 "원인이해력"을 제공한다. 그러나 이것이 항상 가능한 것은 아니다.

사회과학에서 공리적 형태의 이론이 부족하다는 것은 사회과학자들이 그들의 아이디어를 원인이해력의 형식으로 구성하는 것이 불가능하거나 또는 쉽지 않다는 것을 의미한다. 그러나 사회과학의 거의 모든 패러다임은 다음에서 설명하게 될 이론의 형태인 인과과정적 형태의 이론에 더 밀접한 것으로 보인다.

3. 인과적 과정형태

인과적 과정형태(causal process form)의 이론은 다음과 같은 특징을 갖는 일단의 상호 관련된 정의나 진술이다.6)

① 일차적 용어와 파생적(명명적) 용어를 사용하는 제 이론적 개념을 포함하는(구체적인 상황에서 이론적 개념을 확인하는 방법을 기술해 주는) 일단의 정의와 조작적 정의.

② 하나 또는 그 이상의 인과과정이 발생될 거라고 기대되는 제 상황을 기술하는 또는 이들 과정이 "활성화"되는 경우를 기술하는 일단의 존재진술.

③ 하나 또는 그 이상의 독립변인이 하나 또는 그 이상의 종속변인에 미치는 영향 정도를 밝히는 하나 이상의 인과과정 또는 인과적 기제 (mechanism)를 설명하는, 단정적이든 개연적이든, 일단의 인과적 진술, 여러 가지 인과적 기제들은 종속변인에 미치는 영향이 서로 다를지라도, 모든 진술은 이론의 설명이라는 측면에서 동등하게 중요한 것으로 간주될 수 있다.

---

6) Berger 등(1962)은 여기서 논의된 인과과정적 모델과 동일한 "이론적 구성개념모델(theoretical construct models)"(pp.67~101)을 논한다. Blalock(1969)은 인과모델을 논하면서 그것들을 일차방정식 체제의 형식으로 본다. 두 개의 논의는 여기서의 논의보다는 보다 정교하고 복잡하다.

인과과정 형태의 이론과 공리적 형태의 이론 간의 중요한 차이는, 모든 진술들이 동등한 중요성을 갖는 것으로 간주되거나 그것들이 공리나 명제로 분류되지 않고, 그래서 그 진술들이 다른 방식으로 제시된다는 점이다. 이론적 개념에 대한 상호공통적 합의는 여전히 필요하며, 가설적(측정 불가능한) 개념이 허용되며 나아가 인과과정이 발생되는 시기와 장소를 기술할 때는 범위조건이 필요하다.

과학자들이 다루고자 하는 이론의 형태가 무엇이냐에 관계없이, 어떤 현상이 왜 일어나는가를 설명할 때는 하나 또는 그 이상의 인과과정에 대한 설명의 언급이 필요하다. 그러므로 이론적 형태로서의 인과과정에 대해 명확히 이해하고 그것의 장점을 고찰하는 것은 그럴 만한 이유가 있다. 다음의 예를 통해 인과과정의 형태에 대한 더 깊은 논의를 하자.

예시 10

인지에 미치는 첫 인상의 효과

Secord와 Backman(1964, p. 59)에서 발췌한 다음의 예는 경험적 일반화로 간주될 수 있다.

다른 사람에 대한 인상을 형성할 때, 처음에 받은 정보는 그 사람이 후에 받은 정보보다 최종적인 인상을 결정하는 데 더 많은 영향을 미친다.

이러한 결과를 설명해 줄 수 있는 하나의 인과과정은 다음의 진술들로 구성된다.

범위조건(scope condition): 이 과정은 어떤 개인아 타인을 포함한 어

떤 복잡한 대상에 대하여 처음으로 인상을 형성할 때 활성화
되도록 기대되는 과정.

이러한 조건하에서 다음과 같은 인과과정이 활성화될 것이다.

① 어떤 사람이 복잡한 대상에 대한 인지를 형성할 때, 전체적인 인
지체계는 세부적인 체계가 완성되기 전에 이루어진다.
② 처음에 받은 정보는 새로운 인지의 전반적인 체계를 수립하는
데 사용된다.
③ 나중에 받은 정보는 인지의 세부적인 면을 완성하는 데 사용된다.
④ 최종적인 인상은 세부적인 인상을 반영하기보다는 새로운 인지
에 대한 일반적인 윤곽을 반영한다.

이 과정은 처음의 정보가 일반적인 윤곽을 형성하는 데 사용된다는
것을 진술함으로써 요약될 수 있다. 그러나 전체적인 인상은 일반적인
윤곽을 반영하는데, 그 일반적인 윤곽은 구체적인 사항에 의해 유의하
게 영향을 받지는 않는다. 그러므로 전체적인 인상은 나중에 받은 정보
보다는 처음의 정보에 의해 더 많은 영향을 받는다.

나머지 예들은 진술의 형태로 제시하지는 않을 것이다. 그러나 필요
하다면 진술의 형태로 나타낼 것이다. 정교하고 정확한 이론구성은 그
이론의 인과관계(causal linkage)를 추적하는 명백한 기법을 사용함으
로써 향상된다. 이러한 예들은 다른 형태들의 이론과 비교되는 것으로
서의 인과과정적 형태의 이론에 대한 일반적인 개념을 제공하기 위해
제시된다.

예시 11

과두정치의 출현(Michels, 1959)

"과두정치의 철의 법칙"은 다음과 같다.

> 처음에는 민주적 지도성을 활용하는 사회체제조차도 유일의 지속적 지도성 형태는 과두적 지도성이며 과두정치는 결국 어떤 사회체제로 발전한다.

Michels은 19세기 후반의 유럽노동자 조직을 연구하고 있었다. 당시의 노동자 조직은, 미국에서처럼, 조합이나 정당들의 결합체이다. Michels은 정당에서 과두적 지도성이 발전하는 데 작용하는 네 가지 과정을 제시하였다.

가장 기본적인 첫 번째 과정은 대규모 조직에서의 지도(성)에 필요한 "전문적 필요성"(technical necessity)이다. 노동자의 조직에서처럼, 수만 명의 사람으로 구성되는 모든 결합체는 어떤 목적을 설정하고 달성하기 위해서는 어떤 조정과 조직이 요구된다. 그 계급들의 구성원들이 "당"을 조정하고 조직하는 이러한 기능을 수행하기 위해서 지도자가 나타나게 된다. 지도자로 선택된 구성원들은 다른 평당원들보다는 권력, 명망도, 그리고 종종은 더 많은 수입을 얻는다. 그러나 그 당을 조직하는 최초의 단계에서 구성원과 지도자의 목적은 동일하고(당의 목적을 성취하는 것) 지도자들은 이를 반영하기 마련이며 따라서 민주적인 것으로 고려될 수 있다. Michels은 초기조직의 단계, 지도자의 출현, 그리고 최초의 당의 목적이 이루어지고 나면 구성원의 욕구에 무감각한 지도성 형태인 과두정치가 발전하는데, 여기에 세 가지 요소가 활력화된다고 주장한다. 이들 중 첫 번째는 새로운 지도자들이 보다 높은 지위를 바라지 않으려는 마음으로 남들이 존경하는 명예, 수입, 그리고 권력의 행사가 주어지면 그들은 처음의 상태인 보통의 구성원으로 되돌아가는 것을 꺼려한다. 간단히 말해서 그들은 비록 그 자리가 경쟁자들 간에 호선하게 되어 있고, 경쟁자들을 제거시키기 위한 비인간적·비윤리적 활동(협

박, 폭력 또는 살인)이 요구될지라도, 최고층에 머무르기 위해 극심한 싸움을 전개한다.

이러한 과정의 두 번째는 구성원들이 지도자의 높은 지위에 다소 위압을 받는 동시에 감사하기도 하는 그들의 일반적 경향성이다. 그 구성원들은 개인적으로는 집합적 목적(collective gools)이 성취되는 한에서는 지도자에게 만족하고 그래서 실제적인 지도성 활동에 별 관심을 갖지 않는 경향이 있다.

이러한 과정의 세 번째는 정당의 구성원들은 일상적인 기준에서 보면 당의 활동에 일반적으로 무관심하게 되는 일반적 경향성이다. 다시 말해서 직무, 가족, 교회 등의 요구를 중대한 문제가 제기되지 않는 한 당보다 우선시 한다. Michels은 이러한 세 가지 과정. 즉 지도자들이 자신들의 지위를 유지하는 데 있어서 집요한 점, 구성원들이 지도자들에게 고마움을 갖게 되는 경향성, 그리고 구성원들이 당을 "성공적 당으로" 만드는 활동에 별 관심을 갖지 않는 경향성 등은 종종 무감각한 당의 구성원들의 관심과는 무관하게 지도성의 기능을 조정하는 개인의 안정적인 파당을 가져온다. 만약 지도자가 구성원들이 자신의 결정(가령, 새로운 지도자의 선출)에 영향력을 행사할 수 있는 어떤 메커니즘을 통제하는 정도까지 계속된다면 지도성의 구조는 민주적인 것으로부터 과두적인 것으로 변화하였으며 구성원들은 "과두정치의 기초(축받이)"가 된 셈이다.

나아가 Michels은 정당이 과두적 지도성 구조를 갖게 된다면 그 사회는 과두적 정치구조를 갖게 될 것이라고 설명한다.

비록 이들 과정에 대한 Michels의 설명이 공식적으로 제시되지는 않았을지라도 이들 설명은 아주 정확한 것으로 이를 설명하는 과정이 없이 제시되는 "과두정치의 철의 법칙"의 설명 속에서는 전혀 나타나지 않는 원인이해력을 제공한다.

예시 12

조작적 행동의 법칙Ⅱ

유기체는 소거하는 동안에는, 모든 보상이 끝나기 전에 간헐적 강화
스케줄이 사용되는 경우보다는 계속적 강화스케줄이 사용되는 경우가
더 빨리 보상된 행동을 그만둘 것이다.

이 법칙을 설명해 줄 수 있는 인지적 또는 정신과정은 어떤 유기체가
자신의 행동과 보상의 제시(occurrence) 간의 관계성에 관한 개념을 발
전시킨다는 것을 가정할 수 있다면, 아주 정확하게 기술될 것이다. 이
법칙을 설명하는 일은 유기체들이 자신의 행동과 보상의 관계에 대해
발전시킬 수 있는 이론의 본질에 대한 심사숙고를 요구한다. 어떤 유기
체가 강화스케줄이 계속되는 보상상황(rewarding situation)-행동이 일
어날 때마다 보상이 일어나는-에 처해있는 경우를 가정하자. 이 유기
체는 자신의 환경에 대한 자기행동의 관련성의 개념을 아주 단순하고
정확하게 잘 발전시킬 수 있을 것이다. 만약, 하나의 관점으로부터 유기
체를 관찰한다면. 환경체제 즉 하나의 소거조건이 발생하면 보상의 정
지가 나타나는-우리는 인지과정을 유기체라고 간주할 수 있다. 각각의
행동에 대해 하나의 보상에 익숙해지면 그 유기체는 적절한 행동이 하
나의 보상을 산출하지 않는다는 것을 빨리 알 것이다. 최종적인 점검으
로 몇 가지의 행동 후에 그 유기체는 행동을 멈추고 환경이 변화했다고
확신한다. 조작적 조건형성의 특수용어로서 행동의 소거가 출현하였다.
　간헐적인 강화스케줄에 따라 보상을 받아온 유기체를 가정하자. 이 유
기체는 행동을 하고난 잠시 후에 보상을 받는다. 이 유기체가 행동과 보
상의 관계성에 관한 개인적인(private) "이론"을 개발하려 한다고 가정해
보면 그것은 아주 단순하거나 또는 그 유기체가 많은 것을 기대할 것 같
지는 않다. 왜냐하면 실제적으로 보상과 행동 간에는 정확한 관계성이 없
기 때문이다. 소거가 일어날 때(관찰자가 더 이상의 보상이 일어나지 않
을 것이라는 것을 알 때) 그 유기체는 어떻게 더 이상의 보상이 발생하지
않을 것임을 결정할 수 있을 것인가? 유기체는 강화 동안에는 이 관계성

에 대한 철저한 이해를 가질 수 없기 때문에 그가 보상은 머지않아 사라질 것이라는 생각을 검증하기 어려울 것이다. 이 유기체는 보상을 산출할 수 있는 행동의 모든 결합을 다 해보려는 시도로서 오랫동안의 유사한 행동계열을 포함하는 다양한 행동을 해볼 수 있을 것이다. 결과적으로 강화스케줄이 종결된 오랜 후의 행동은 뜸해질 것이며 그 행동이 소거되기(extinguish)까지는 오랜 시간이 걸릴 것이다. Skinner가 제안하듯이(1950, p.205) "(유기체에 있어서) 소거의 상황은 전혀 신기한(또는 새로운) 것이 아니다."

요약하면, 정신과정의 두 가지 변형(variations)은 다음의 법칙을 설명하기 위해 제안될 수 있다.

계속적 강화→무강화:
- 유기체는 자신의 행동과 보상 간의 관계성에 대한 하나의 단순한 이론을 전개한다. 보상이 정지될 때, 유기체는 그 "이론"을 아주 쉽게 검증할 수 있고 나아가 더 이상의 보상이 없을 것이라고 추측한다. 보상이 멈춘 후에는 행동도 곧 멈춘다.

간헐적 강화→무강화:
- 유기체는 보상의 "이론"을 발전시키려 시도하지만 그 관계성의 복잡성으로 인하여 어떤 단순하고 명료한 이론구성에 방해를 받는다. 보상이 멈추게 되면 그 유기체는 자신의 이론이 잘못된 것인지 아니면 상황이 변하였는지의 결정을 해야 한다. 이론이 복잡하고 분명하기 때문에 가능한 모든 대안을 검증하기에는 오랜 시간이 걸리게 되고 그래서 그 행동은 보상이 멈춘 후에도 오랫동안 계속된다.

예시 13

소집단에서의 영향력 행사(Hapkins, 1964)

이 이론에 대해 각색을 하는 데에는 많은 과정이 기술되었다. 그러나 Hopkins는 그러한 과정들은 다음과 같은 영역진술(scope statement)들을 포함함으로써 어떤 상황에서 아주 활성화된다고 주장한다.

각 구성원들이 다른 모든 구성원들에 대해 첫인상을 형성할 기회를 갖는, 어떤 상호작용집단에서 영향력의 행사에 관련된 과정들이 활성화된다.

이러한 예를 위해서, 법칙이라고 간주될 수 있을 만큼 중요한 경험적 지지를 받고 있는 다음과 같은 하나의 진술을 선정하였다.

구심성이~하면, 계급은~하다.

다음의 일단의 진술들이 이 진술을 설명해 주는 인과과정을 기술해 준다.7)

구심성이~하면, 동조성은~하다.
구심성이~하면, 규범준수성은~하다.
동조성이~하면, 규범준수성은~하다.
규범준수성이~하면, 동조성은~하다.
동조성이~하면, 영향력은~하다.
규범준수성이~하면, 영향력은~하다.
영향력이~하면, 계급은~하다.

그것들은 다음과 같은 인과과정으로 제시될 수 있다.

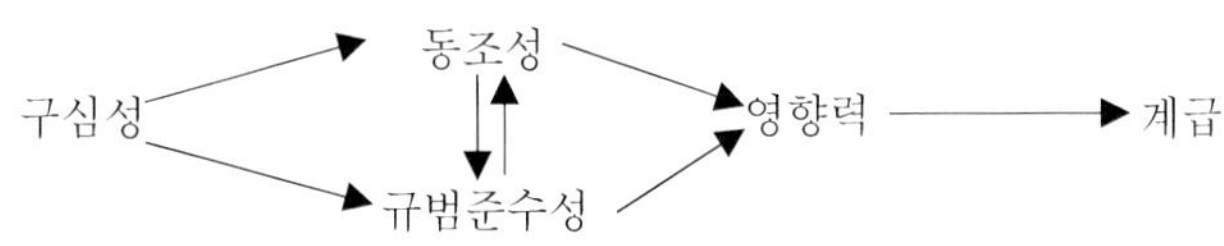

---

7) 원래의 공식은 완전한 순환적 과정이었다. 이것은 적절한 예를 제공하기 위해 이런 형태로 제시되며 "계급이~하면, 구심성은~하다."는 진술에서는 맞지 않는다.

이런 과정이 이루어지면 여기에서부터 몇 가지 부차적인 진술이 도출될 수 있다.

구심성이~하면, 영향력은~하다.
동조성이~하면, 계급은~하다.
규범준수성이~하면, 계급은~하다.

인과적 과정형태의 이론의 개념을 통해 설명할 수 있는 논리적 복잡성을 예증하기 위해 다음의 예를 제시한다. 이런 공식화는 특히 사회과학에는 정교할지라도 이론의 이러한 모델은 개념들 간의 관계를 명확히 해 준다는 것을 주시해야 한다. 비록 방법론적인 문제들은 아주 복잡하게 될지라도 이론적인 진술들 간의 관계성에 대한 혼란만 없다면 이러한 이론과 관련된 연구를 하기는 쉬울 것이다.

예시 14

지위불일치와 정신건강

Kasl와 Cobb(1967)의 이 이론은, 한 사람이 둘 또는 그 이상의 사회적 계층에서 서로 다른 계급을 갖는-교육의 정도는 높으나 수입은 적은 경우(그 역도 성립한다. 여기에 대해서는 제2장의 지위불일치에 대한 논의를 보라)-상황으로 정의되는 "지위긴장(status stress)"의 개념에 대한 이해가 요구된다.

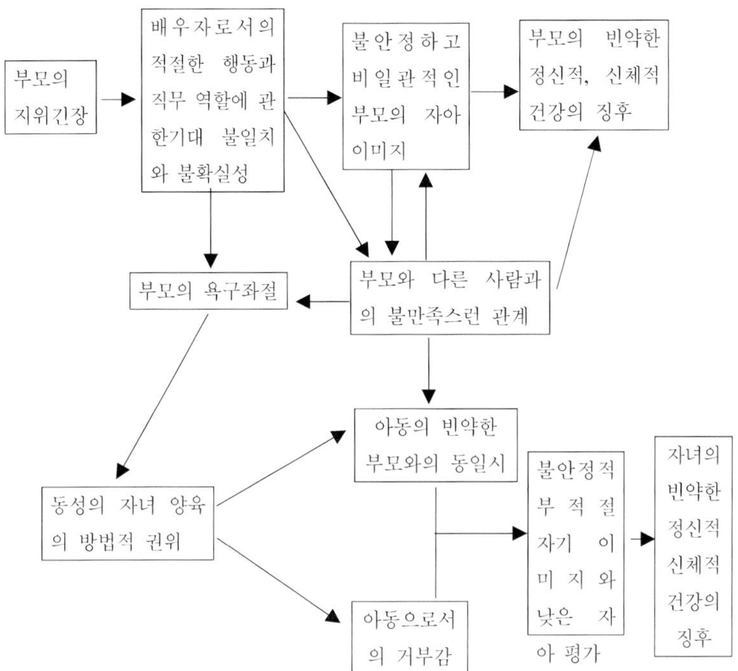

<그림5-2> 성장한 자녀의 신체적 정신적 건강에 미치는 부모의 지위 부조화 및 불일치의 영향에 관한 이론적 설명

자료 : Stanslav V. Kasl과 Sidney Cobb. "성장한 자녀의 신체적, 정신적 건강에 미치는 부모의 지위 부조화 및 불일치의 영향" Journal of Personality and Social Psychology(1967, 가을), 7권 2호 2부 통권 642: 1-15. 미국 심리학회와 저자의 허락하에 재인용. 여기서 모든 화살의 방향표시는 긍정적인 관계를 표시함.

　　<그림 5-2>는 이 이론을 구성하는 인과과정을 나타낸다. 즉 이것은 다음과 같은 진술을 도출하는 데 사용될 수 있다.

　① 개인의 "지위긴장"은 그 개인의 빈약한 신체적·정신적 건강의 증후를 가져온다.
　② 부모의 지위긴장은 자녀의 빈약한 신체적 건강의 증후를 가져온다.

    이론의 이러한 개념에는 한 가지 중요한 정의의 문제가 따른다. 그것은 인과과정의 한계는 무엇인가라는 점이다. Hopkins(1964)의 설명에서 나타나는 인과과정의 예는 다음과 같이 제시된다.

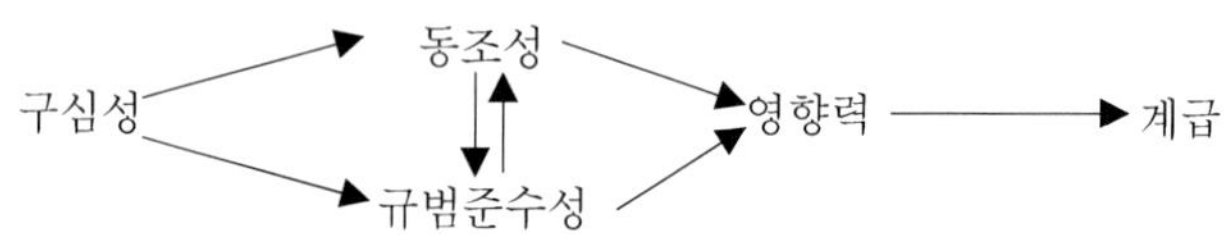

아니면, 이 과정은 다음과 같은 네 개의 서로 다른 인과과정으로 제시될 수 있다.

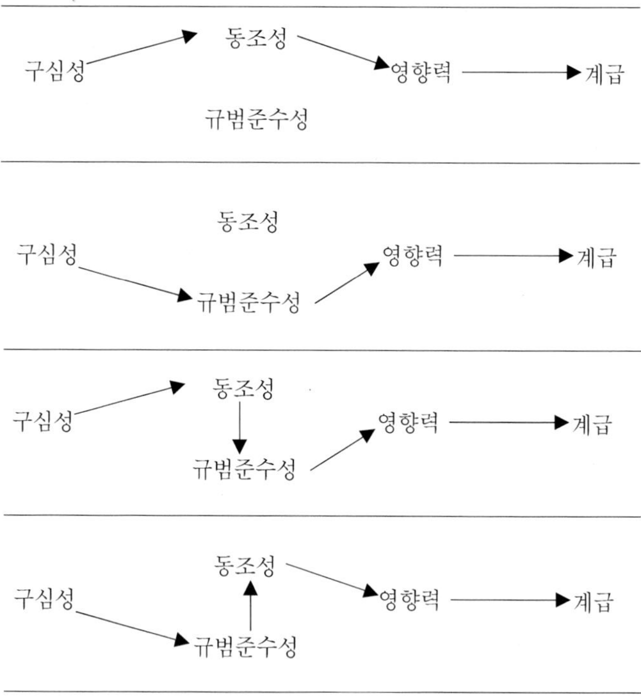

이들 각각이 서로 구별되는 독립된 과정으로 간주되는가 아니면 네 개가 결합되어 하나의 과정으로 간주되는가? 이에 대해서는 어떤 단정적인 답을 할 수가 없다. 왜냐하면 "과정"이라는 단어는 두 가지 방법으로 사용되기 때문이다. 그러나 과정이라는 단어를 사용할 때는 이를 읽고 쓰는 데 주의를 기울여야 하며 그래야만이 논의하고자 하는 정확한 진술들이 명확해진다.

인과적 과정형태의 이론은 과학의 목적에 유용한가? 이론의 세 가지 목적―개념의 분류체계의 제공, 설명과 예측, 그리고 통제력―은 법칙체계로서의 이론을 논하는 부분에서 동일한 예를 사용하여 논의되었다. 법칙체계형과 인과적 과정형태의 이론에서 동일한 개념과 진술들이 사용되었기 때문에 인과적 과정형태가 이러한 목적들을 달성하지 못할 거라고 기대하는 것은 근거가 없다.

그래도 문제는 남아 있는데, 인과적 과정형태의 이론이 법칙체계형의 이론에서는 제공하지 못하는 부차적인 그 어떤 것을 제공하는가? 독자들은 인과적 과정형태는 법칙체계형에는 존재하지 않는 원인이해력을 제공하는가의 여부를 결정할 수 있다. 이제 저자는 원인이해력은 단지 진술들이 인과적 과정을 기술하는 방법으로 배열됨으로써만이 제공된다는 입장을 명확히 취하고자 한다. 그러한 기술은 공리형태의 이론으로부터 전개될 수 있으며, 그런 다음에 인과적 과정형태로 제시될 수 있다.

인과적 과정형태의 이론은 과학의 네 가지 기본적인 목적을 달성할 뿐만 아니라 공리적 형태의 이론이 갖는 몇 가지 이점을 갖는다. 첫째, 이는 가설적 또는 측정 불가능한 개념들을 인정한다. 둘째, 보다 효율적인 연구를 제공한다(상호 관련된 진술체계를 측정가능토록 하기 때문에). 셋째, 정교하게 기술된 인과적 과정은 이론가들로 하여금 의도하지 못했던 결과를 포함하여 공식(formulation)의 모든 결과를 검토해 보도록 해 준다.

　인과적 과정형태의 이론이 갖는 가장 중요한 한 가지 이점은 사회현상에 관련되든 인간현상에 관련되든 간에, 이 형태가 대부분의 사회과학이론들이 개발되는 방법으로 여겨진다는 점이다. 따라서 어떤 아이디어를 인과적 과정형태로 변형하는 것은 그것을 공리적 형태의 이론 또는 법칙체계형의 이론으로 전환하는 것보다 훨씬 쉽다.

　인과적 과정형태의 이론에도 한 가지 문제는 있다. 그것은 어느 시점에서 과정에 대한 기술을 멈출 것인가의 문제이다. 다시 말해서 이론가들이 어떤 지점에서 모든 단계 또는 진술들이 인과적 관계로 구체화되었는가를 결정할 수 있는가? 이런 문제에 대한 어떤 객관적인 해답은 있을 수 없으나 해결책으로 제시할 수 있는 한 가지 대안은 관련학자들 간에 상호공통적인 합의를 하는 것이다. 연구자와 그의 동료들이 인과적 과정의 모든 단계들이 구체화되었다고 합의할 때가 바로 그 이론의 인과적 과정의 전개를 종료할 때이다.

4. 세 가지 이론형태에 대한 평가

　앞에서 설명한 세 가지 형태의 어떤 이론도 과학의 세 가지 목적, 즉 분류체계, 논리적 설명과 예측, 그리고 통제력의 제공에는 적절하다. 그러나 단지 인과적 과정형태 또는 공리적 이론으로부터 도출된 진술들만이 원인이해력을 제공할 수 있다.

　종종 공리적 형태의 이론에서 사용되는 진술들은 인과적 과정형태로 전환될 수 있지만 그것이 항상 가능한 것은 아니다. 공리적 형태로

된 많은 진술들 속에서 합리적인 인과과정이 표면적으로 나타나지는 않지만 그 진술들이 결합되어서 논리적 예측을 해 줄 수는 있다. 결국 다음에 논의하는 것처럼, 공리적 형태의 진술들은 결합되어 이루어질 수 있으며, "공리 인과적 과정(axiomatic-causal process)"으로 간주될 수 있다. 과학의 목적달성을 위한 유용성 정도가 이론의 여러 가지 형태를 포함해서 과학의 어떤 활동을 평가하는 기준일지라도 가치롭게 고려해야 할 또 다른 기준이 있다. 즉, 어떠한 이론적 형태들이 새로운 아이디어 또는 새로운 개념들을 필요로 하는 패러다임을 기술하고 설명하는 데 가장 유용한가? 이들 형태의 이론들 중 어떤 것들이 가장 효율적인 연구를 하도록 하는가? 만약 이론에 관한 각각의 개념이 적용된다면 과학적 지식은 어떻게 조직될 것인가?

새로운 "아이디어들" 또는 새로운 패러다임을 기술하는 문제를 고려한다면, "공리 인과적 과정"형태는 법칙체계형의 이론보다 우수한 것처럼 보인다. 하나의 법칙에 사용되는 모든 개념들은 구체적인 상황에서 측정 가능해야 하기 때문에, 가설적 또는 측정 불가능한 개념들은 법칙체계형에서는 사용되기 어렵다. 그러나 보다 중요한 것은 새로운 패러다임은 법칙체계보다는 인과적 과정형태의 기술을 통해 보다 적절하게 표현될 수 있다는 것이다. 이들 두 가지 요소, 즉 법칙 속에서 상상적 개념들의 허용 불가능성과 사람들이 새로운 아이디어를 인과적 과정형태로 만들고자 하는 "자연적" 경향성 등은 공리 인과적 과정형태의 이론이 새로운 패러다임들의 기술에 보다 적합하다는 것을 제시해 준다.

연구전략을 "연구반영이론"과 "이론반영연구"(제7장에서 보다 자세히 설명함)의 두 부류로 구분할 수 있다. 공리 인과적 과정형태의 이론은 "이론반영연구"전략이 적용된다면 보다 효율적인 연구를 가능하게 해 준다. 이 전략을 사용할 때는 이론이 기술되고 경험적 검증을 위해

진술이 선정된 다음에 그것들의 유용성을 결정하기 위해 연구가 계획
된다. 만약 그 이론이 공리적 또는 인과적 형태와 같은 상호 관련된 진
술들의 체계라면 어떤 하나의 진술에 대한 지지가 그 체계 내의 다른
진술들을 간접적으로 지지하게 된다. 그러나 진술들이 법칙체계형으로
간주되면 그것들은 상호 독립적이므로 하나의 법칙에 대한 지지가 그
법칙체계 내의 다른 진술들을 지지하지는 못한다. 이 전략을 사용하면
공리 인과적 과정형태가 연구를 하는 데 보다 효율적이다. 왜냐하면
인과적 과정 또는 공리적 이론을 검증하기 위해서는 법칙체계형의 이
론을 검증하는 것보다 훨씬 적은 연구가 수행되기 때문이다.

반면에, 과학에서 연구반영이론전략은 자료들 간의 체계적인 형태
가 왜 법칙으로 간주될 수 있는가를 추론하기 위해 시도하는 한 가지
연구수행의 절차이다. 이런 연구전략을 통해 "법칙체계"적 이론은 가
장 효율적인 형태의 연구로 진행될 수 있다. 왜냐하면 적은 비용으로
많은 법칙들이 대량의 다양한 자료 속에서 발견되기 때문이다. 그러나
이러한 절차에서는 자료가 이론이 개발되기 전에 수집되기 때문에, 만
일 공리 인과적 형태의 이론이 적용된다면 이용 가능한 자료가 그 결
과로 생기는 이론에 대한 만족스런 검증을 보장할 수 없다. 이런 경우
라면 공리 인과적 형태의 이론의 유용성을 실제적으로 검증하기 위해
두 번째 연구전략이 요구된다.

요약하자면, 연구의 효율성은 과학적 지식을 개발하는 데 사용된 이
론의 개념과 그 전략에 관계가 있다. 법칙체계로서의 이론의 개념은
만약 연구반영이론의 전략이 적용될 때, 자원의 효율적인 활용을 가져
오고, 공리적 또는 인과적 과정형태의 이론은 이론반영연구의 전략이
적용될 때 자원의 효율적인 활용을 기할 수 있다.

마지막으로 과학적 지식이 여러 가지 형태의 이론으로 조직되는 방
법을 고찰하는 일도 가치로운 작업이다. 만일 법칙체계적 이론의 개념

이 채택된다면 과학적 지식은 그 각각이 둘 또는 그 이상의 개념들 간의 관계성을 기술하는 이론적 진술들의 목록이 된다. 이러한 진술들의 목록은 두 가지 흥미로운 특징을 가질 것이다. 즉 ① 이 진술은 아주 긴 문장일 것이고, 따라서 ② 진술들 간의 관계성을 결정하기가 힘들 것이다. 반대로, 공리 인과적 과정형태의 이론은 과학적 지식이 다양한 이론들로 조직된다는 것을 암시한다.8) 왜냐하면 각 이론은 많은 수의 진술들을 포함하고, 비록 진술의 전체 수가 감소되지는 않을지라도 틀림없이 조직되어야 할 (사물의) 수가 훨씬 적게 될 것이다. 게다가, 이론들을 인과적 과정으로 고려하는 것은 과정들 간의 상호관계성을 발견하고 검토하는 것을 훨씬 쉽게 만들 수 있다. 왜냐하면 동일한 개념과 진술들을 다루는 과정들은 상호 관련될 수 있기 때문이다. 두 가지 이유—조직되어야 할 "사물"의 수가 적고 이론들 간의 상호관계성이 비교적 쉽게 결정되는— 때문에, 공리 인과적 형태의 이론은 과학적 지식을 조직하는 데 있어서 보다 바람직하다.

---

8) 일반적으로 제시되는 것처럼 몇 개의 명제를 갖는 일단의 정의들인 "현대적 체제이론"(Backley, 1967)은 현상에 관하여 많은 수의 중요한 예측을 가져오지는 못하며 그래서 과학의 목적을 위해 그렇게 유용하지는 않다. 반면에, 정교한 분석은 인과적 과정들의 체계 또는 체제는 다양한 상황에서 존재함을 종종 제시한다. 때때로 이러한 과정들의 체제는 일반적으로 다음과 같은 도표로 표시되는 "유환체제들"을 산출한다.

X ⟶ Y ⟶ Z

이것은 두 개의 상호 관련된 인과적 과정들로 간주될 수 있다.

⟵

⟶ ⟶

그러한 체제에 대해서도 종종 "이 체제가 언제 안정적일 것인가?" 아니면 "X, Y, 그리고 Z의 가치에서 더 이상의 변화는 없을 것인가" 등의 문제가 제기된다. Charles A. McClelland는 (사적인 견해로) 일반체제이론은 기본적으로, 모든 것의 원인이 되는 하나의 중요한 과정을 예기하기보다는 차라리 사회적·인간적 현상을 인과적 과정들의 "체제"로 접근하는 하나의 전략이라고 제안하였다. 그렇다면 일반체제이론의 관점은, 최종적인 설명은 상호 관련된 인과적 과정들의 체계일 것이라는, 여기서 적용된 견해와 일치한다.

하나의 이론이 언제 "완전한" 것이 되는가를 결정하는 문제에 관해서는 두 가지 형태의 이론 간에 한 가지 뚜렷한 차이가 있다. 이론의 법칙체계적 개념을 사용하면, 특히 통계적 결정 절차에 상당한 강조점을 둘 때에는 연구자들 스스로 하나의 법칙이 "발견되었는가" 아닌가를 결정하기가 훨씬 쉽다(제6장 참조). 만일 어떤 과학자가 공리 인과적 과정형태의 이론을 개발하고자 한다면 혼자서 이론이 "완성된"─인과적 기제를 기술하는 데 필요한 모든 진술을 언제 구체화하는가─시점을 결정하기가 매우 어렵다. 만일 그가 개발한 이론이 완전한 것인가를 결정하기 위해서는 그의 노력에 대한 그의 동료들의 평가를 구하는 것이 필요하다. 그러나 다른 과학자들이 그 이론을 과학적 지식의 일부로 채택할 것인가 아닌가를 결정할 것이기 때문에, 이러한 작업은 채택과정의 첫 단계로 간주될 것이다.

요약하면, 공리 인과적 과정형태의 이론은 다음과 같은 이유로 법칙체계형보다 우월한 것으로 선호된다.

① 공리 인과적 과정형태의 이론은 원인이해력을 제공한다.
② 새로운 패러다임을 설명하기가 쉽다.
③ 보다 효율적인 연구를 가능하게 한다.
④ 보다 정밀하고 상호 관련된 과학적 지식의 조직을 제시해 준다.

이러한 이점들은 공리 인과적 과정형태의 한 가지 결점─어떤 법칙은 상대적으로 객관적인 평가가 쉽지만, 공리 인과적 과정형태는 그것의 완전성의 정도에 대해 주관적 평가를 할 수밖에 없다는 단점─을 상쇄하고도 남음이 있다.

많은 결점에도 불구하고, 이론의 법칙체계적 개념들은 결코 무용한 것이 아니다. 이는 새로 산출되고 있는 많은 명제의 목록을 반영하고 있다는 점에서도 유용성이 여전하다.

가장 잘 알려진 것이 Berelson과 Steiner(1964)가 제시한 예이다. 이 예들은 수백 개의 이론적 진술들을 포함하는 것으로 이들 모두는 과학자가 그 진술을 평가하는 데 있어서 기초로 삼는 법칙, 경험적 일반화 또는 가설의 지위를 갖는다. 보다 철학적인 속성으로 Burgess (1968, p.339)는 Hamblin(1966)이 "최종산물이 적절한 수학적 공식을 결합시킴으로써 도달된 관계성을 요약하는 것"인 연구전략을 제시하고 있다고 인용한다. 대개 적절한 공식(등식)을 갖게 되면 과학적 지식을 갖게 되는 것이고 새로운 현상의 연구에 착수할 수 있다. 법칙체계형에 익숙한 사람들은 Baconian의 과학의 개념으로 지칭되고 제7장에서 연구반영이론의 전략으로 논의되는 과학적 지식개발을 위한 특정연구전략을 채택해 온 사람처럼 보인다.

5. 모의연구 또는 모델정립

과학자들은 흔히 모의연구(simulation), 모델 또는 "설명적 모델(representational model)"(Barger et al., 1962, pp.37~66)로 지칭되기도 하며, 통칭해서 "이론정립"으로 간주되는 활동에 참여한다. 그 명칭은 일관성있게 사용되지 않기 때문에 명칭은 중요한 것이 아니다. 그러나 이론을 구성하는 것과는 차이가 있는 또 다른 형태의 활동이 있다. 이런 활동은 특정의 구체적 상황 속에서 동일한 형태의 경험적 자료를 산출해내는 과정을 개발하는 것이다. 이것이 인과적 과정의 이론을 개발하는 것과 동일하게 보일 수도 있지만 한 가지 중요한 차이가 있다. 모의연구과정과 경험적 자료를 만들어내는 인과적 과정

간에 어떤 관계성이 없다는 것은 명백할지라도 모의연구자로 하여금 경험적 자료를 결합하도록 해 주는 어떤 과정이 적용될 것이다. 인과적 과정의 이론을 개발하는 데 관심을 갖는 과학자는 그 과정 속의 각 진술은 비록 측정될 수 없을지라도(가설적 개념의 경우에서처럼) 구체적인 상황 속의 어떤 사건과 관련된다고 주장할 것이다.

모의상황연구는 종종 실제적인 문제해결에 사용된다. 어떤 지역사회에 천연가스를 공급하는 송유체제를 설계하는 과업을 생각해 보자. 여기에서 송유관과 가스보급창고의 크기는 서로 다른 것으로 가정한다. 만일 상황이 복잡하다면, 이 송유체제에 대한 몇 가지 가능한 대안이 있을 수 있으므로, 그렇게 될 경우, 천연가스의 흐름과 서로 다른 지점에서의 압력과 같은 송유체제의 서로 다른 특성을 표현하기 위한 등식 또는 수학적 모델을 개발하는 것이 불가능할지도 모른다. 한 가지 가능한 해결책은 다양한 송유관과 펌프장치(보급고)를 연구하기 위해 천연가스체제와 유사한 특징을 가지면서 동시에 비용이 덜 드는 다른 물리적 체제를 사용하는 것이다.

이것을 수행하는 한 가지는 압지와 유색물을 사용해서 하는 것이다. 압지에 흡수되어 나타나는 유색물의 명암의 변화는 송유관을 통하는 동안 천연가스의 유압이 변화하는 것과 비슷하다. 압지와 물의 체제는 천연가스와 송유관과 동일하거나 유사하게 가상적으로 적용된다. 송유관의 크기가 서로 다르다는 것을 제시하기 위해, 서로 다른 면적의 압지를 이용하여 계획된 송유체제를 만들고 "송유관"에 유색물을 공급함으로써 몇 가지 서로 다른 송유체제로 천연가스가 흐르는 것을 저렴한 가격으로 연구할 수 있다. 물이 압지에 의해 흡수될 때 개입되는 물리적 과정들이 천연가스가 압력을 받고 있는 송유관을 통해 흐를 때 개입되는 물리적 과정들과는 아주 다르다는 것은 의심의 여지가 없기 때문에 이것은 아주 가상적인 모의상황에 대한 연구이다. 그러나 물의 밀도의 차이와 가스압력의 차이 간의 관계성은 물리적 체제인 송유관을 가상적으로 연구하기 위해 압지체제를 이용할 수 있도록 해 주고도 남음이 있다. 그 관계성을 모의상황으로 연구하기 위해 사용되는 하나의 체제는 보다 비싼 체제에서 발견된 관계성을 예비적으로 밝히기 위해 사용된다.

유사한 방식으로, 사회과학자는 실제 인과적 기제를 나타내기 위한 모의과정을 실제적으로 기대하지 않고서도 사회적 상황을 설명하기 위한 과정을 고안할 수 있다. 예를 들어 세 개의 도시들 간의 인구이동률을 연구하는 데 있어서 과학자는 특정 시로의 이동을 확률적 토대 위에서 판단을 내릴 수 있다고 가정할 수 있다. 따라서 다음과 같은 모델이 개발될 수 있다(Berger and Snell, 1957 참조).

X, Y, 그리고 Z이라는 세 개의 시는 세 개의 원으로 표시된다. 각각의 화살표는 일정한 년도에 한 시에서 다른 시로의 이동을 표시한다(또는 아무런 이동이 없는 것은 동일한 시에서 출발하고 멈추는 화살표로 표시함). 소수점의 숫자는 화살표에 의해 지시된 것처럼 이동할 거라고 생각되는 시에서의 연구비율을 나타낸다. 어떤 가족이 이동할 것인지 아닌지는 확률적으로 가정된다.

이러한 도시 간의 인구이동모델의 저자는 이것이 그 상황에서의 실제적인 인과적 과정을 나타내는 것이라고 주장하지는 않는다. 결국, 일정한 사람들은 여러 가지 이유—직업의 변화, 가족의 사망, 향수병 등—로 이동할 것이다. 그러나 이러한 모의상황은 몇 가지 문제에 대한 답을 내리는 데 사용될 수 있다. 즉 안정적인 상황이 도래할 때 각각의 도시는 얼마만큼 거대해질 것인가(예컨대 한 도시에서 다른 도시로의 각각의 이동이 정지될 때 도시들의 크기는 변하지 않을 것인가?)? 안정적인 도시가 되기 위해서는 얼마나 많은 시간이 걸릴 것인가? 안정적인 상태가 될 때는 도시들 간의 인구이동의 흐름이 어떻게 될 것인가?

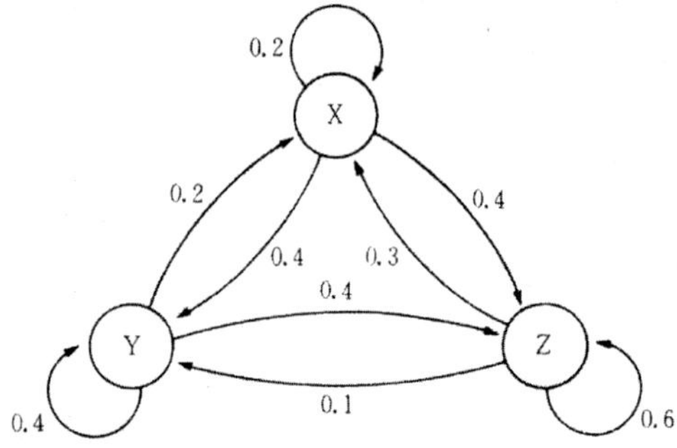

　모의연구과정과 실제 인과적 과정 간의 차이가 항상 명확하지는 않으며, 그래서 본래 모의연구에서 의도된 많은 과정들이 후에는 인과적 과정으로 간주될 수 있다(그 반대도 성립된다)고 볼 수 있다. 어떤 이론적 활동에 대해 이름을 붙일 때는 이론가의 목적을 고찰하는 것이 최선이다.

6. 요약

　이론에 대한 세 가지 개념을 논의하였다. 첫째, 법칙체계형으로서의 과학적 지식은 확고한 경험적 지지를 받는 일단의 이론적 진술이어야 한다는 견해이다. 둘째, 공리적 형태이다. 즉 공리와 명제로 분할되는 일단의 이론적 진술이며 이러한 진술들은 공리로부터 도출될 수 있다. 셋째, 인과적 과정형태 또는 둘 또는 그 이상의 개념들의 인과기제가 가능한 한 명백하게 이루어지는 방식으로 조직된 진술들의 체제이다.

많은 공리적 이론들을 인과적 과정형태로 표현하는 것이 가능할 수도 있다.

이론의 세 가지 형태에 대한 검증은 이 세 가지 모두가 과학적 지식의 목적인 개념의 분류체계, 논리적 예측과 설명, 그리고 현상에 대한 통제 가능성을 제공할 수 있음을 밝혀준다.9)

그러나 단지 인과적 과정형태의 진술들만이 원인이해력을 제공할 수 있다. 게다가 공리적 형태의 이론과 인과적 과정형태의 이론은 새로운 패러다임의 적용과 기술을 촉진하고, 연구과정에서 자원을 보다 효율적으로 사용하도록 해 주며 과학적 지식의 정치와 상호 관련된 조직을 가능하게 해 준다. 이런 이유 때문에 인과적 과정형태 또는 인과적 과정형태로서의 공리적 이론들은 과학적 이론을 위한 보다 유용한 모델인 것처럼 보인다. 또한 연구자의 목적이 구체적인 상황 속에서 동일한 경험적 결과를 산출해야 한다는 과정모의연구(process simulation)는 연구자의 목적이 구체적인 상황 속에서 어떤 현상의 원인이 되는 실제과정을 기술하기 위한 것인 이론구성(theory building)과 대조된다.

---

9) Dare Thomas는 사적인 견해로 모델정립(model building)에 몰두하는 사람들은 종종 원인이해력은 공식적인 수학적 모델로부터의 예측이 성취되어진다고 생각한다고 제안한다. 다시 말해서 원인이해력 또는 어떤 해답이 발견된다는 느낌은 현존하는 논리적 체제로부터의 예측이 그 예측의 토대와 관계없이 경험적 연구의 결과와 결합될 될 때 생겨난다.

6. 이론의 검증

어떤 진술이 과학의 목적을 달성하는 데 유용한가를 평가하는 가장 중요한 기준은 그 진술이 경험적 연구결과와 일치하는 정도이다. 일반적으로 말하면, 경험적 연구와 어떤 이론을 구성하는 모든 진술들 간의 일치성을 검증하는 일이 항상 가능한 것은 아니다. 그러므로 대부분의 연구들은 하나 또는 몇 개의 진술에 대해서만 그 유용성의 증거를 제시하기 위해 계획되어진다. 이들 진술이 "상호 관련된 진술체계"의 일부분이거나 공리적 또는 "인과적 과정" 형태로 된 이론의 부분이라면 이들 몇 개의 진술에 대한 경험적 지지는 전체적인 진술체계, 즉 그 이론에 대한 확신을 증가시킨다.

대부분의 연구는 개별적인 진술들에 대한 지지를 제공하는 것이기 때문에, 개별적인 진술들에 대한 확신의 변화가 어떻게 이루어지는가에 대한 일반적인 논의를 전개한 후, 이론들 즉 상호 관련된 진술체계에 대한 확신의 변화에 대해 논의하겠다.

1. 추상적 진술과 구체적 연구

적절하게 구성되는 경우라면, 과학적 진술이란 추상적이기 마련이고 그러므로 어떤 특정의 공간적·시간적 상황에 대해 독립적이다. 예를 들면,

집단구성원의 태도가 동일할수록 집단의 응집력은 더 강해진다.

반면에, 모든 경험적 연구는 구체적인 공간적·시간적 상황 속에서

수행된다. 다음의 기술을 생각해 보자.

> 1965년 가을학기 동안에 XYZ대학에서 동일한 정치지향성—보수적이든 자유적이든—을 가진 연인들은, 한쪽은 자유적이고 다른 한쪽은 보수적인 정치지향성을 가진 한 쌍의 연인들보다 더 자주 데이트를 하였다.

두 가지 형태의 진술 간에 나타나는 차이는 두 가지 논점을 제기한다. 즉 하나는 "구체적인 연구가 어떻게 추상적인 진술을 지지하는가"이고 다른 하나는 "어떻게 추상적인 진술이 진(true)으로 증명될 수 있는가"이다.

첫 번째 논점은 이미 제4장에서 논의되었다. 만일 어떤 구체적인 진술에 의해 기술되는 事象(facts)이 보다 추상적인 진술에 의해서도 기술된다면, 그 구체적인 진술에 대한 어떤 경험적 지지는 또한 그 추상적인 진술에 대한 지지를 제공한다.

구체적인 진술 속의 개념들을 측정하기 위해 사용되는 절차(조작적 정의)들이 이론적인 개념들의 의미에 관련되는 경우 더욱 그렇다. 위에서 든 예들이 이 점을 말해 준다. "데이트를 하는 연인"들은 "집단"이며 정치적 지향성은 "태도"이며 "집단형성(데이트)"의 빈도는 "집단응집"의 한 측정치이다.

두 번째 논점은 좀 더 복잡하다. 만일 어떤 진술이 추상적이라면 이것은 미래에도 적용 가능해야한다. 만약 미래상황에 적용될 수 있는 진술이라면, 이것은 미래에 "위(false)"로 판명될 수 있는 가능성 또한 존재한다. 그러므로 하나의 추상적인 진술이 그 진술의 영역 내에 있는 미래의 상황뿐만 아니라 있을 수 있는 모든 상황에 대해 항상 "진"으로 입증될 가능성은 결코 없다.

반면에 추상적인 진술은 과거와 현재에 적용될 수 있기 때문에 그것들이 어떤 상황에는 적용되지 않는다는 것을 증명할, 즉 위라고 증명할(falsify) 수가 있다. 이것이 왜 연구전략에 대한 삼오한 논의가 종종 가설의 타당화(verification) 또는 연구 프로젝트의 목적으로서의 가설들이 진이라는 것을 증명하기보다는 가설의 부정(falsification)에 초점을 두는가의 이유이다.

그러나 아마도 보다 중요한 것은, 과학자들은 추상적인 진술을 "진" 아니면 "위"로 양자택일적으로 생각하지 않는다는 점이다. 경험적 연구는 과학자들로 하여금 어떤 진술을 "진" 또는 "위"로 수용하거나 거부하도록 하기보다는 추상적인 진술의 유용성에 대한 과학자들의 확신의 정도에 영향을 준다.

두 가지 문제가 이러한 미묘하고도 중요한 이슈를 혼란하게 한다. 첫째, 구체적인 가설은 특정의 공간적·시간적 상황에 관련되기 때문에 "진" 아니면 "위"가 될 수 있는 가능성이 있다는 것이다. 구체적인 연구결과가 추상적인 진술에 대한 과학자들의 확신에 미치는 영향은 다음 장에서 논의할 것이다. 둘째, 고전적인 통계를 사용하는 경우는 "진" 아니면 "위", 수용 아니면 거부식의 결정을 강조한다. 비록 통계적인 결정절차가 특정의 구체적인 가설에 적용될 수 있을지라도 그 결과는 종종 추상적인 진술에 직접적으로 적용되기도 하고 부적절하게 적용되기도 한다. 고전적인 통계적 결정절차의 사용에 대해서는 다음에 논하게 될 것이다.

2. 경험적 연구와 추상적 진술에 대한 확신

만일 경험적 연구가 추상적 진술이 진임을 증명할 수 없다면 어떻게 경험적 연구가 어떤 이론적 진술의 상태(status)에 영향을 주는가? 간단히 말해서 구체적인 상황에서 얻어진 경험적 연구의 결과는 과학자들이 설명과 예측을 목적으로 하는 추상적인 진술의 유용성에 대해 갖는 확신의 정도에 영향을 미친다. 이 절은 이러한 과정이 어떻게 이루어지는가에 대해 기술한다. 다음의 추상적인 진술을 생각해 보자.

집단구성원의 태도가 동일할수록 집단의 응집력은 더 강해진다.

이하의 논의에서 이 진술은 "진술 X"로 지칭될 것이다. 추상적인 진술이기 때문에 이것이 진이라고 증명하기는 불가능하나 위임을 증명하는 것은 가능할 것이다.

진술 X의 유용성을 검증하기 위한 하나의 연구 프로젝트를 생각해 보자. 이 연구는 진술 X의 한 가지 경우로 간주되는 다음의 "구체적인" 진술이 실제행위에 대한 정확한 기술인가를 결정하기 위한 것이다.

1965년 가을학기 동안에 XYZ대학에서 자유적이든 또는 보수적이든 간에 동일한 정치지향성을 가진 연인들은, 한쪽은 자유적이고 다른 한쪽은 보수적인 정치지향성을 가진 연인들보다 더 자주 데이트를 하였다.

이 진술은 특정의 사람들에게 적용되기 때문에 "진" 아니면 "위"일 것이다. 하나의 예증적 상황으로, Jones와 Smith라는 두 명의 과학자를 생각하자. Jones는 일반적인 진술 X에 관련된 연구를 수행한 후, 그의 연구가 진술 X에 대한 Smith의 태도에 미치는 영향을 고찰할 것이다. Jones의 연구가 진술 X에 대한 Smith의 태도에 미치는 영향 정도는 최소한 다음의 세 가지 요인에 의존할 것이다.

① Jones의 연구결과를 알기 이전의 진술 X에 대한 Smith의 태도.

② 진술 X와 Jones의 연구결과 간의 일치성.
③ Jones가 자료를 수집하기 위해 사용한 절차의 정교성.

만약 Jones가 엉성한 연구전략을 사용한다면 Smith는 Jones가 자신의 연구를 위해 주장하는 어떤 결과에 대해서도 회의적일 것이다. 이런 이유 때문에, 다음의 논의는 Jones가 믿을 만한 연구절차를 사용하며 Smith가 Jones의 연구결과를 안정적인 것으로 인정한다(예를 들어 동일한 절차가 반복된다면 그 결과가 다시 나타남)고 가정하자.

첫 번째 경우에 있어서, Smith는 진술 X에 관하여 어떤 실제적인 정보를 갖고 있지 않다고 가정하자. 다시 말해서 그가 진술 X를 흥미롭게 여기기는 하지만 과학적 지식의 일부분으로서의 그것의 유용성에 관해서는 중립적(nutral)이라고 가정하자. 따라서 이 경우에 문제가 되는 요인들은 오로지 Jones의 연구결과이다. 어떤 연구에서도 세 가지 가능한 결과가 있을 수 있다. 즉 연구가 그 진술을 지지하든가 진술을 지지하지 않든가 또는 미결론적(inconclusive)이든가, 그 중의 하나에 속한다.

Jones의 연구가 미결론적이라면 진술 X에 대한 Smith의 태도가 변할 가능성이 없을 것이다. 그것은 Jones가 상당한 시간을 투자하고도 연구문제를 해결하지 못했음을 의미하기 때문에 이것은 있을 수 있는 최악의 결과이다. 그러나 과학은 예측 불가능한 작업이라는 점에서 이것은 Jones의 잘못이 아닐 수도 있다.

Jones의 연구가 그 진술을 지지하든가 아니면 지지하지 않든가(경험적 연구가 진술 X와 일치하든가 아니면 일치하지 않든가), 둘 중의 하나에 해당된다면 그가 내린 결과는 Smith의 태도에 최대의 영향을 미칠 것이다. 즉 Smith는, Jones의 정확한 결과에 의존하여, 중립적인 입장으로부터 진술 X가 유용하다든가 유용하지 않다는, 하나의 적정의 (moderate) 확신으로 변할 것이다.

비교를 위해서 두 번째 상황으로써 Smith가 진술 X와 일치하는 아주 신중하게 수행된 다섯 개의 연구를 알고 있다고 가정하자. 결과적으로 Smith는 그 현상에 대한 유용한 기술이 진술 X에 대해 높은 확신을 갖고 있다. 이런 조건하에서 Jones의 연구는 Smith의 태도에 어떤 영향을 줄 것인가? Jones의 연구가 미결론적이라면, 진술 X에 대한 Smith의 태도에 영향을 미칠 가능성이 전혀 없다. 비록 과학자로서의 Jones에 대한 Smith의 태도에 영향을 줄 수는 있을지라도 그 현상에 대한 많은 선행연구를 통해, Smith는 왜 Jones가 어떤 단정적인 결과에 도달하지 못했는가를 의아해 할지 모른다.

Jones의 연구결과가 진술 X와 일치한다면, Jones가 이미 그 진술이 유용하다는 높은 확신을 갖고 있기 때문에 이것은 또한 진술 X에 대한 Smith의 태도에 거의 영향을 줄 가능성이 없다. 게다가 Smith는 "이미 우리가 그것을 알고 있어"라고 생각하기 때문에 "Jones가 그 연구를 수행하기를 싫어하지 않았는가"하고 의문시하기까지 할 수 있다.

그러나 Jones의 연구결과가 그 진술을 지지하지 않는다면 틀림없이 그는 스스로 갈등에 빠질 것이다. Smith는, 그 진술과 일치하는 다섯 개의 "좋은" 연구를 알고 있기 때문에 진술 X가 유용하다는 높은 확신을 갖는다. 만약 Jones가 진술 X와 일치하지 않는 연구결과를 나타낸다면 Smith는 그가 진술 X가 그 상황에 유용하지 않다는 Jones의 결론을 받아들이기 이전에 Jones의 연구 절차를 아주 구체적으로 검토할 것이다. 만약 Smith가 Jones의 절차가 만족스럽다고 여긴다면 진술 X에 대한 Smith의 태도는 변할 것이다—진술 X의 유용성에 대한 그의 확신은 감소될 수가 있다.

그러나 다른 변화가 가능할 뿐만 아니라 더 많은 가능성이 있다. 새로운 증거가 기존의 인정된 "신념"과 불일치하는 이들 종류의 상황에서, 이런 경우의 진술 X에서 인정된 신념은 종종 세심한 재검토를 거친다. 추상적인 개념들, 추상적안 진술이 적용될 수 있는 조건, 조작적 정의들, 개념들 간의 관계성, 그리고 그 진술의 다른 측면과 이를 지지하는 연구는 면밀한 검토를 받는다. Smith와 그와 유사한 다른 사람들은 다섯 개의 좋은 연구에 의해서 지지되는 진술들을 거절하려고 하지 않으나 또한 Jones의 비일관적인 결과들을 무시할 수는 없다. 흔히 하나의 새로운 진술 즉 진술 Y는 Jones이 결과뿐만 아니라 다섯 개의 좋은 연구와 일치하도록 개발될 수 있다. 이것이 과학적 지식이 보다 정밀해지고 정교해지는 한 가지 형태의 상황이다.

요약하면, 추상적 진술은 미래에는 "위"일수도 있기 때문에 "진"이라고 증명하는 것이 항상 가능하지는 않다. 이것이 과학자들로 하여금 추상적 진술을 "위"라고 증명하도록 시도하고, 추상적인 진술을 그것들의 유용성에 관한 과학자들의 확신에 비추어 분류하도록 하는 원인이다. 추상적인 진술에 관한 과학자의 태도에 미치는 경험적 연구의 영향은 연구의 결과, 연구절차의 질(내용), 과학자가 새로운 결과를 알기 이전에 갖고 있던 추상적인 진술에 대한 그의 태도에 따라 다르다.

3. 통계적 결정절차

통계 또는 보다 엄밀히 말해서 통계적 결정절차(statistical decision procedure)는 종종 하나의 진술이 "진"인가 또는 "위"인가를 증명하기 위해 사용된다. 통계적 절차가 유용하기는 하지만 가끔은 오용되고 잘못 적용되기도 한다. 통계적 결정절차의 본질에 관한 이해는 그것의 오용을 방지하는 데 도움을 준다.

  통계적 검증의 주된 오용은 그 진술이 진인가 위인가를 증명하기 위해 그것들을 추상적인 진술에 직접적으로 적용시킨다는 것이다. 이런 방식은 두 가지 이유 때문에 부적절하다. 첫째는 추상적인 진술은 미래에 적용될 수 있는 것이기 때문에 진으로 증명될 수 없다는 것이다. 둘째는 통계적 검증이 추상적 진술에 적용될 수 있는 상황은 단지 하나─그 진술 속의 각 개념에 대해 단지 하나의 조작적 정의만 존재하는 경우─라는 것이다. 만일 하나의 개념에 대한 조작적 정의가 둘 이상이라면, 통계적 결정절차는 그 추상적 진술 속에 포함되는 것으로 고려되는 하나의 조작적 진술에 적용된다(제4장 참조). 이런 경우에서도 통계적 절차는 그 진술에 직접적으로 적용되는 것이 아니라 그 추상적 진술 속에 포함되는 하나의 구체적인 진술에 적용된다.

  예를 들어, 통계적 결정절차는 다음의 진술에는 적용될 수 없다.

  집단구성원의 태도가 동일할수록, 집단의 응집력은 더 강해진다.

통계적 결정절차는 이런 진술에도 적용될 수 없다.

  1965년 가을학기 동안에 **XYZ**대학에서 둘 다 자유적이든 또는 둘 다 보수적이든 동일한 정치지향성을 가진 연인들은 한쪽은 자유적이고 다른 한쪽은 보수적인 서로 다른 정치지향성을 가진 연인들보다 더 자주 데이트를 하였다.

통계적 결정절차는 다음의 진술에는 적용되어질 수 있다.

  학교무도회에서 무작위로 45쌍이 선정되었을 때 서로 다른 정치지향성을 가진 15쌍이 평균 1.75번의 데이트를 한 반면, 동일한 정치지향성을 가진 25쌍은 각각 평균 3.5번의 데이트를 하였다(변량 0.50이 두 가지 형태의 연인들의 평균 데이트 횟수에 적용된다.).

　이것은 조작적 진술과 추상적 진술 두 가지에 대한 하나의 구체적인 예이다. 만일 추상적인 개념을 측정하기 위한 방법이 단지 한 가지에만 존재한다면, 하나의 통계적인 절차가 그 추상적인 개념이 "위"라는 것, 즉 이 개념이 이 상황을 기술하지 못다는 것을 보여 주기 위해 사용될 수 있다. 만일 그 추상적인 개념을 측정하기 위한 한 가지 이상의 방법이 존재한다면, 그 진술이 어떤 특정상황에 대해 "위"이거나 또는 "진"이 아닌 것으로 간주되기 전에 모든 가능한 측정방법이 고려되어야 한다.

1) 고전적인 통계적 추리[1]

　"통계"라는 말은 흔히 서로 다른 두 가지 형태의 활동 즉 기술통계(descriptive statistics)와 추리통계(inferential statistics)에 적용된다. 기술적인 통계절차의 목적은 어떤 사건이나 현상의 특성을 기술하기 위한 것이다. 예를 들어 어떤 정치후보자에 대한 그 나라의 모든 유권자의 태도를 측정하고자 할 경우 모든 유권자에게 의견을 묻는 것은 아주 낭비적이다. 이때 기술적인 통계절차를 사용하면 유권자 중 소규모 비율(어떤 무작위절차에 의한)의 태도를 측정함으로써 모든 유권자의 태도에 대한 추정지(estimate)를 얻는 것이 가능하다. 그러한 기술적 통계절차가 없다면 현행 사회과학연구의 많은 부분(특히 조사연구)은 비용이 엄청나게 들고 동시에 연구수행이 불가능할 것이다. 둘 또는 그 이상의 변인 간의 관계성을 양적인 용어(수)로 기술하는 것과

---

1) 이 부분은 이 책의 연속적 흐름을 깨뜨리지 않으면 생략할 수 있다.

같은 다른 자료분석절차로 그 목적이 "어떤 것"을 기술하는 것이라면, 또한 기술통계의 범주에 포함될 수 있을 것이다.

반면에, 추리통계는 어떤 사건이나 현상에 관한 여러 가지 기술들 중 어떤 것이 "진정한" 기술인가를 결정하는 절차이다. 이러한 절차는 "통계적 추론"(사건의 진정한 상태에 관해 추론하는) 또는 "통계적 결정"(어떤 기술이 승인되는가에 관한 결정을 내리는)으로 다양하게 불린다. 이러한 통계적 결정절차 중 가장 일반적인 것은 실제적 결정절차가 적용되기 전에, 모든 가치판단 또는 주관적 판단이 이루어지는 절차인 고전적 결정절차이다. 비록 상황이나 현상의 본질에 따라 이 절차의 종류가 다양할지라도 이 절차의 논리는 언제나 동일하다. 고전적 통계절차는 "자연의 진정한 기술"에 관한 결정을 내리는 데 있어서 최선의 절차로 간주된다. 이 절차는 다음과 같이 요약될 수 있다.

① 현상에 관한 두 가지 기술―기술 X와 기술 Y―이 제안된다.
② 단지 하나의 기술만이 정확하다고 가정한다면 어떤 기술이 참된 기술로 채택될 것인가를 결정하기 위한 하나의 절차가 개발된다.
③ 이러한 절차에 있을 수 있는 결과는 다음과 같은 네 가지가 있다.
　　a. 자연이 실제는 기술 X와 같은데, 기술 X가 참된 기술로 받아들여진다.
　　b. 자연이 실제는 기술 Y와 같은데, 기술 Y가 참된 기술로 받아들여진다.
만일 결과 a 또는 b가 발생한다면 어떤 오류도 발생하지 않았다.
　　c. 자연이 실제는 기술 X와 같은데, 기술 Y가 참된 기술로 받아들여진다.
　　d. 자연이 실제는 기술 Y와 같은데, 기술 X가 참된 기술로 받아들여진다.
만일 c 또는 d가 발생한다면 잘못된 기술이 참된 기술로 받아들여졌기 때문에 오류가 발생되었다.
④ 논의의 편의를 위해 이러한 두 가지 형태의 오류를 명명하겠다.

   a. 형태 Ⅰ의 오류: 자연이 기술 X와 같은데, 기술 Y가 받아들여진다.

   b. 형태 Ⅱ의 오류: 자연이 기술 Y와 같은데, 기술 X가 받아들여진다.

⑤ 고전적 결정절차는 절대적인 의미에서 이 두 가지 형태의 오류가 발생하는 것을 방지하기가 불가능하다. 그러나 이들 오류가 발생할 확률을 조정하는 것은 가능하다. 이해를 쉽게 하기 위해서 이들 확률을 명명하겠다.

   a. 알파: 형태 Ⅰ의 오류가 발생할 확률

   b. 베타: 형태 Ⅱ의 오류가 발생할 확률.

⑥ 이상적으로 말해서 알파와 베타는 아주 적어야 한다. 즉 두 가지 형태의 오류가 발생할 확률은 적어야 한다. 불행하게도 고전적 결정절차의 본질은 이들 두 가지 확률이 언제나 역상관을 이룬다는 점이다 (알파가 적으면 베타가 커지고 베타가 적으면 알파가 커진다). 알파와 베타 두 가지를 감소시키는 유일한 방법은 표집을 크게 하는 것이다.

⑦ 이 결정절차가 완전히 객관적이어야 한다는, 즉 어떤 주관적인 판단도 결정절차에 영향을 주어서는 안된다는 가정에 근거하여 과학자는 그가 결정절차를 적용하기 전에 합리적이라고 발견한 알파와 베타의 오류확률을 선정하도록 요청을 받는다. 과학자는 그가 합리적이라고 발견한 위험수준(mixture of risk), 즉 오류의 범위가 얼마인가를 고려해야 한다. 과학자가 기술 X 또는 기술 Y를 참된 기술로 "승인하는" 실수를 원할 것인가?

⑧ 이상을 통해서 고전적인 통계적 결정절차를 사용하기 위해 요구되는 모든 정보가 구체화되었다. 즉 네 가지 형태의 정보가 있다.

   a. 자연 X에 대한 기술.

   b. 자연 Y에 대한 기술.

   c. 알파, 즉 자연이 실제적으로 X와 같을 때, 기술 Y가 진정한 기술로 받아들여질 확률.

   d. 베타, 즉 자연이 실제적으로 Y와 같을 때, 기술 X가 진정한 기술로 받아들여질 확률

⑨ 그런 다음 연구가 수행되고 수행절차가 그 자료에 적용되면 과학자는 그가 X 또는 Y 중 어떤 기술을 인정해야 하는가를 요청받는다.

대개 과학자는 그가 취하고자 하는 위험수준을 명료화했기 때문에 그 기술을 참된 기술이라고 인정한다.

고전적인 절차의 세부사항은 정교하고도 복잡하다. 왜냐하면 그 자료의 어떤 가능한 형태에 대한(이루어져야 할) 결정(기술 X 또는 Y를 인정하는)이 그 결정에 앞서 구체화되어야 할 필요가 있기 때문이다. 표준적 결정절차가 미리 마련되어 과학자로 하여금 그의 연구 상황에 적절한 절차를 선택하도록 해 준다. 이러한 모든 절차는 공통적으로 한 가지 특성을 갖는다. 즉 기술 X는 무작위적 과정으로서의 자연에 대한 기술이다. 무작위적 과정에 관한 가정은 서로 다른 상황에 적절한 여러 가지 통계적 검증(t-test, chi-square, 정상분포 등)에 따라 다르다. 비록 이런 절차가 모든 통계적 검증에 맞는 동일한 표준적 비교를 제공한다 할지라도 이 절차는 어떤 중요한 문제를 제기한다.

한 가지 문제는 과학적 추론에의 집착을 "좋은" 것으로 간주하고, 동시에 낮은 알파계수와 그에 따른 높은 베타계수를 인정하려는 경향성 속에 반영된다는 사실에 의해 야기된다. 만일 자연에 대한 과학자의 기술, 즉 기술 Y가 자연을 체계적인 형태를 갖고 있는 것으로 기술한다면, 알파와 베타의 오류를 범할 확률은 다음과 같이 기술될 수 있다.

알파: 체계적인 형태(Y)로서의 자연에 대한 기술이 실제적으로 무작위(X)일 때 긍정될 확률.
베타: 무작위(X)로서의 자연에 대한 기술이 실제적으로 체계적인 형태(Y)일 때 긍정될 확률.

어떤 결과가 0.05 또는 0.01 수준에서 유의한가 유의하지 않은가에 대한 논의는 알파계수를 의미한다. 이 문제는 통계적 검증을 사용하는 대부분의 사람들이 베타의 위험을 알지 못하고 그래서 종종 무의식적으로 낮은 알파계수를 적용하기 위해서 적은 집단의 표집에 대해 0.05

를 초과하여 높은 베타계수치를 인정한다는 것이다. 이것은 자연에 대한 기술을 체계적인 형태로 하기보다는 무작위적 과정으로 하는 것을 선호하는 것이다.

대부분의 과학자들이 낮은 알파계수를 적용하는 것을 신중하게 고려하는 주된 이유는 자신의 동료들이 한 연구절차를 기본적으로 신뢰하지 못한 데서 비롯되는 것 같다. 과학자가 종종 무의식적으로 연구결과를 자신의 가설에 일치하도록, 다시 말해서 과학자가 제안한 형태를 자연이 갖도록 연구결과에 영향을 미칠 수 있다.2)

이러한 영향을 교정하기 위한 부분적인 시도로써 낮은 수준의 통계적 유의성, 또는 심지어는 높은 베타계수를 포기한 알파계수를 고집하는 것이 사려 깊은 것으로 고려되어 왔다.

고전적 통계절차가 "긍정 – 부정" 또는 "진 – 위" 택일적 결정으로 결론지어진다는 것 또한 바람직한 일은 아니다. 전형적으로 0.05와 같은 어떤 알파계수는 체계적인 형태로서의 자연에 대한 기술이 받아들여지기 전에 도달되어야 하는 유의수준으로 선택된다. 0.048 수준에서 결과들이 긍정될 때 0.052 수준(정확히 0.05가 아닌)에서 통계적으로 유의한 결과가 부정되어야 하느냐에 관해서는 의문시된다. 이것이 바로 독창성이 없는 고전적인 통계적 결정절차의 일면이다. 과학자들은 결과가 어떤 임의적인 수준보다 얼마간의(a few) 소수점이 높다는 이유로 통계적인 유의성을 무시하기보다는 차라리 그것을 추구하는 결과에 주의를 기울이고자 한다. 결과가 도달된(reached) 수준(0.05, 0.01, 0.001 등)보다는 차라리 똑떨어지는 유의한 수준을 보고하는 것이 좋으냐에 대해서는 강한 논쟁이 이루어질 수 있고, 그래서 독자도

---

2) 모든 사회과학의 연구 중 가상 높게 통제되는, 실험연구들에서 나타나는 이러한 문제를 논의하기 위해서는 Rosenthal(1966)을 참조하라.

결과들의 "유용성"에 대해서 자기 자신의 평가를 내릴 수 있다.3)

아마도 통계적 검증을 지나치게 강조하는 데 있어서 가장 중요한 문제는 연구에 대한 평가가 실제적인 유의성보다는 통계적인 유의성에 초점을 두는 경향이 있다는 점이다. 다음의 가상적인 연구결과를 생각해 보자.

① 사무실 직원 100명의 타이프 생산성에 미치는 조명의 효과에 관한 한 연구는 빛의 강도가 보통으로부터 높은 정도로 증가할 때 타이핑의 속도가 감소되지 않은 채, 타이핑의 오타가 2% 줄었음을 밝혔다. 이 결과는 0.01 수준(알파계수)에서 통계적으로 유의하였다.
② 사무실 직원 5명에 대한 감독의 영향에 관한 한 연구는 감독자가 없을 때 타이핑의 속도가 타이핑의 오타에 변화가 없는 채 30% 줄었음을 밝혔다. 이것은 0.10 수준(알파계수)에서 통계적으로 유의하였다.4)

분명 첫 번째 연구는 통계적 유의수준이 높다. 왜냐하면, 통계적 의의는 일반적으로 인정되는 0.05 계수보다 높을지라도, 감독의 부재가 타

---

3) 위에서 설명한 고전적인 통계적 결정절차는 과학자들에게 양적인 형태의 모든 것을 합리적이라고 그가 발견한 자신의 연구가설과 알파와 베타로 표시되는 위험수준을 명료하게 할 것을 요구한다. 하나의 또 다른(대안적인) 통계적 결정절차는 연구자가 단지 두 개 항목의 정보 즉 연구가설과 양적인 형태로써 그 가설이 진이라는 확신은 명료하게 기술할 것을 요구한다. 그 과학자는 자신의 확신을 모든 가능한 결과가 발생할 확률의 추정치를 제공함에 의해 설명한다. 주관적인 판단이 어떻게 변하는가에 관한 어떤 가정을 하게 하는 이러한 또 다른 통계적 결정절차를 적용한 후에, 그 결과는 새로운 연구 증거가 고려된 후에 그 가설을 통해 과학가가 가져야만 하는 확신의 정도이다. 이러한 대안적인 절차를 **Bayes**의 추론절차라고 부르며, 이 책에서의 철학을 반영하는, 주관적인 판단이 어떻게 변하는가에 관한 하나의 공식이다. **Bayes**의 추론에 대한 소개는 **Raiffa(1968)**가 제공하며 사회과학에의 적용에 대한 보다 세세한 논의는 **Edwards** 등**(1963)**이 제시한다.
4) 이것은, 만일 5명의 사무원에게 미치는 효과에서의 변량이 높다면 쉽게 발생할 수 있다. 즉 어떤 사무원은 감독자의 부재에 의해 결코 영항을 받지 않으나 다른 사람들은 완전히 생산성이 정지된다. 통계적인 전문용어로 이것을 높은 변량이라고 지칭한다.

이핑의 생산에 주요한 영향을 미치기 때문이다. 통계적 유의성에의 지나친 강조는 타이핑의 생산에 미치는 감독의 영향을 간과하고 조명의 강도가 미치는 적은 영향에 초점을 주도록 하는 원인이 될 수도 있다.

많은 과학자들은, 종종 직관적으로, 고전적인 통계적 절차들이 추상적인 이론적 진술들에 대한 직접적인 평가는 유용하지 못하다는 것을 이해하는 것처럼 보인다. 고전적인 통계적 절차는 구체적인 상황 속에서의 형태들의 증거(evidence of patterns)로 사용된다. 그러므로 경험적인 결과들은 추상적인 진술과 그것들의 관계와는 독립적으로 평가된다. 통계적인 검증이 적절히 적용될 때는 추상적인 진술들을 평가하는 데 필요한 부가적인 증거를 제공하나 과학자들이 전적으로 이에 의존해 결정을 내려서는 안된다.

과학자들이 연구의 질을 평가할 때 양호한 연구 설계, 추상적인 진술에 대한 명확하고 상호합의적인 측정(조작적 정의)의 개발, 그리고 중요한 연구문제의 제기 등이 아주 근소한(tidy) 통계치에 우선한다는 것은 이런 이유 때문이다. 최선의 연구 설계는 그 결과가 아주 명백하여 다른 과학자들이 통계적 유의성을 고려함이 없이도 그 결과에 대해 높은 확신감을 가질 경우이다. 최선의 연구설계는 통계적 분석을 필요로 하지 않는 연구이다.

통계적 추론절차를 사용하지 않는 연구의 평가가 하나의 이상적인 목적일지라도, 이것은 두 가지 이유 때문에 거의 실현 불가능하다.

첫째, 가령 조사연구에서의 기술적 통계 또는 실험연구에서의 변량분석 등과 같이 많은 현상들은 어떤 통계적 절차를 사용하지 않고서는 연구하기에 너무 많은 비용이 들 것이다. 연구를 수행하는 비용을 적절한 수준으로 감소시키기 위해서는 현상을 연구하는데 있어서 통계적인 절차가 사용되어야 하며, 자료의 형태들이 주의를 기울일 가치가 있는가, 즉 무작위적 과정들로부터 기대되는 형태들과 어떤 차이가 있는가에 관한 추론을 내리는 데 있어서 통계적 결정절차가 요구된다.

둘째, 어떤 현상은, 특히 사회과학에서 어느 정도 정교한 통계적이고 양적인 절차를 사용하지 않으면 연구될 수 없다. 많은 사회적 과정, 예를 들어 어떤 사회특성이 변화하는 원인이 되는 사회적 과정들은 실험실에서 연구되는 현상들처럼 통제하거나 영향을 미칠 수 없다. 그러한 과정들을 연구하기 위해서 과학자는 그 현상을 자연적인 상황에서 관찰하고 측정할 수밖에 없다. 결국, 개념들(변인들) 간의 관계성에 관한 어떤 설명은 "유의미한 형태"가 무엇이고 무작위한 형태가 무엇인가에 관한 추론을 내리기 위해서 주로 통계적 또는 양적인 절차들에 의존해야만 한다.

이들 두 가지 이유—통계적 분석을 사용함으로써 얻어지는 경제성과 어떤 과정을 복잡한 자연적 상황에서 연구해야 할 필요성—때문에 통계 없이는 연구의 이상이 종종 성취될 가능성이 희박하다.

2) 자료를 검증하기 이전에 가설이 제시되어야 하는가?

중요한 한 가지 이유는 진술된 연구가설과 경험적 결과 간의 시간적 관계성(temporal relationship)이다. 다시 말하면 "그 자료에 의해 평가될 가설을 진술하기 전에 자료를 검토해야 하는가?" 이 문제는 일차적으로 어떤 형태의 가설이 검증되고 있는가에 달려 있다고 볼 수 있을 것이다.

연구 설계에 대한 고전적인 설명은 Fisher가 수행한 "차(taste)에 대한 독특한 취향을 갖고 있는 숙녀"에 관한 연구(1966)의 예에서 알 수 있다. 그 숙녀는 차를 탄 우유를 좋아하고 그래서 그녀가 차를 마실 때는 우선적으로 찻잔 속에 차 또는 우유가 들어 있는 지를 물을 수 있다고 생각한다. Fisher는 그 숙녀가 단지 취향만의 근거를 우선적으로 그 컵 속에 차가 들어 있는지 또는 우유가 들어 있는지를 실제적으로 물을 수 있는가를 결정하기 위한 연구설계를 설명한다. 그는 우유를 탄 차의 컵을 두 가지 방식 즉 우유를 먼저 넣은 경우와 차를 먼저 넣은 경우로 준비해야 하고, 그런 다음 그 "답"이 그녀에게 밝혀지기 전에 그 숙녀가 각 컵의 맛을 보고 먼저 그 컵 속에 무엇이 들어 있는가에 관한 자신의 의견을 말하도록 제안한다. 이런 방식으로, 그녀는 연구의 결과를 알기 이전에 자신의 판단을 진술한다(어느 정도 차가 들어 있는 컵과 우유가 들어 있는 컵이 실제적으로 준비된다).

이러한 연구상황에서, 연구가설은 "두 가지 서로 다른 방식으로 차가 준비되는 것의 차이가 있느냐"가 아니라 "그 숙녀가 그 차이를 말할 수 있느냐"임을 주목하자. 그녀가 서로 다른 방식으로 찻잔들을 구분할 수 있는가? 이것은 확실히 가장 미묘한 종류의 직관적 판단이며 그래서 실제적으로 어떤 주관적인 판단의 정확성을 검증하기를 원한다면, 그 판단 또는 예측은 "답"이 밝혀지기 전에 명료화되어야 한다. 다시 말해서 연구의 목적이 직관적 판단의 정확성을 측정하는 것이라면 자료의 형식에 관한 예측은 그 예측자(predictor)에게 "답"이 노출되기 전에 선행되어야 한다.

그러나 연구의 가설이 잘 형성된 이론(well-formulated theory)으로부터 공개적이고 명시적으로 도출된다면 연구가설, 나아가 그 이론이 자료가 수집되고 분석되기 이전에 진술되어야 한다고 주장할 이유가 없다. 그러한 규칙이 실제적으로 현재에 고안된 어떤 이론으로부터 도출된 어떤 가설의 유용성을 평가하는 데에 과거의 연구 프로젝트로부터 자료를 사용하지 못하도록 할 것이다.

이론으로부터 도출된 가설이 "거짓"임을 입증하기 위한 시도에 의해 어떤 이론의 유용성을 검증하기 위해 계획된 연구라면, 어떤 연구결과에 대한 사전 노출은 활기 없는 이론에 영향을 줄 기회가 거의 없을 것이다. 이것은 그 이론의 형성과 적용에 영향을 줄 수 있으나, 그것은 이론들을 개발하거나 고안하는 절차의 부분이다(다음 장에서 보다 구체적으로 설명한다). 비록 언제나 기대되지 않은 결과를 정확하게 예측하기 위해 어떤 이론으로부터 도출된 가설에는 즐거운 놀라움이 있을지라도, 어떤 이론을 검증하는 연구자료가 왜 그 이론이 발명된 이후에 수집되어야 하는가의 근거는 없다.

요약하면, 어떤 연구 프로젝트가 특정 상황에 관한 어떤 사람의 직관적인 판단을 검증하기 위한 것이라면, 이들 "예측(guesses)"은 자료가 수집되기 이전에 또는 예측자가 그 답을 알기 이전에 공개적이고 명시적으로 되어야 한다는 것은 확실하다. 그러나 만일 명확하게 형성된 명료한 이론의 가치를 평가하기 위한 시도라면 생명력이 없는 일단의 아이디어로부터 결과들을 은폐시킬 이유가 없을 것이다. 어떤 특정 시간에 수집된 자료는 그 이론으로부터 도출된 가설들을 검증하기 위해 사용될 수 있다. 사실, 새로운 이론들을 검증하기 위해 사용된 자료는 종종 그 이론이 개발되기 전에 완성된 이론으로부터 나온다.

종종 사회과학에서는 자료가 수집되고 분석되기 이전에 가설들을 명백하게 진술할 필요성에 대해 언급한다. 이 말은 사회과학의 지식이 사회과학자들의 직관적인 지식으로 간주되고 과학자들이 그 현상을 단지 "느낀다"면 절대적인 필요성이 있는 것으로 보일 수 있다. 그러나 사회과학이 사회과학자들에 의해 개발되고 사용되는 명료한 지식체계로 간주된다면, 위에서 제시한 논쟁은 이것이 중요한 필수조건이 아님을 제시할 것이다.

4. 이론에 대한 확신의 변화

진술에 대한 확신의 변화 정도가 "이론에 대한 확신"의 변화에 어느 정도 영향을 주느냐 하는 것은 이론의 개념에 따라 다르다. 어떤 이론이 법칙의 체계라면, 하나의 진술에 대한 확신의 변화는 그 이론에 대한 확신의 변화와 일치한다. 확신이 아주 높은 그러한 진술들은 바로 이론이 되는 법칙체계로서의 법칙이다.

반면에 어떤 이론이 공리적 형태든 또는 인과적 과정형태든 간에, 상호 관련된 진술들의 체계로 간주된다면 그 이론으로부터 도출된 개개의 진술에 대한 지지는 전체이론에 대한 간접적인 지지를 제공한다. 기본적으로, 과학자들이 ① 어떤 이론으로부터 도출된 각각의 진술과, ② 어떤 이론으로부터 도출된 진술들 중 보다 많은 부분에 대해 보다 많은 확신을 가질 때 그 이론에 대한 확신은 증가한다.

진술에 대한 확신이 어떻게 이론에 대한 확신에 영향을 미치는가를 설명하기 위해서 Hopkins(1964)가 집단구성원의 구심성(구성원의 상호작용형태로서의)이 그 집단 내에서 구성원의 지위(명망)를 어느 정도 "설명해 주는가"를 기술한 과정을 생각해 보자. 이 과정은 <그림 6-1>의 상단에 제시된다. 아래의 과정은 진술에 대한 경험적 지지(예시 ⑥ 참조)에 대해 Hopkins가 추정하여 분류한, 그 과정으로부터 도출될 수 있는 진술들이다.

Hopkins는 세 가지 진술들에 대한 지지는 "좋은 것"으로 그리고 네 가지 진술은 "보통(some)"으로 간주한다.

그러나 그는 다음의 네 가지 진술들을 경험적 지지를 받지 못하는 것으로 간주한다.

① 동조성이~하면, 계급은~하다.
② 동조성이~하면, 영향력은~하다.
③ 규범준수성이~하면, 계급은~하다.
④ 규범준수성이~하면 영향력은~하다.

이들 네 가지 진술들을 독립적으로 고찰하면 그것들은 경험적 지지가 없으며 따라서 그 누구도 그 진술들이 "자연적 상황의 사건에 관한 설명"이라는 확신을 가질 수 없을 것이다.

그러나 하나의 통합된 이론의 일부분으로 고찰할 때 그것들에 대한 확신은 증가된다. 비록, 확신의 수준이 Hopkins가 내린 "보통"보다 크지는 않을지라도 확실히 "무(none)"보다는 클 것이다. 즉 진술들이 어떤 이론의 부분이 아닌 경우가 가질 수 있는 것보다는 크다.

이러한 예는 확신의 "양방적" 흐름을 설명해 준다. 각각의 진술들에 대한 지지는 일단의 통합된 진술로 간주되는 하나의 이론에 대한 확신을 증가시킨다. 그러나 일단 어떤 이론에 대한 확신이 "무" 수준 이상으로 증가되면, 그 이론에서 도출된 검증되지 않거나 지지되지 않은 진술들도 과학자들의 확신을 받게 된다. 왜냐하면 그러한 진술들도 하나의 "지지된" 이론의 일부이기 때문이다.

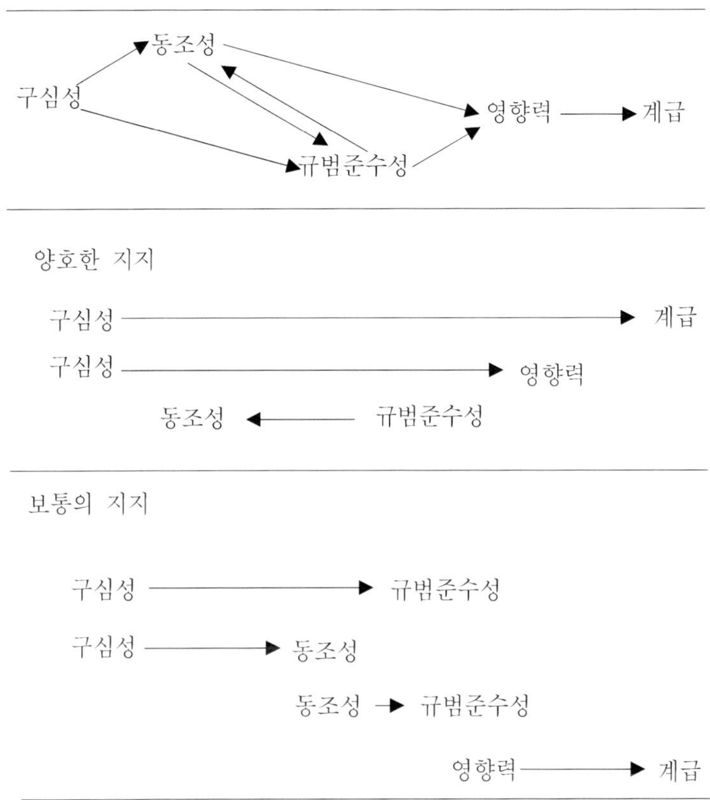

<그림 6-1> 집단구성원의 구심성이 그의 계급과 관계되는 인과적
과정과 그 과정으로부터 도출된 진술에 대한 경험적
지지(Hopkins(1964)에서 인용)

참고: 모든 화살표 방향은 긍정적 관계를 표현함.

이론의 법칙체계적 개념들과 비교해 볼 때, 이론의 공리적 그리고
인과적 과정개념이 갖는 주요한 이점의 하나는 어떤 하나의 진술에 대
한 지지는 나머지 다른 진술에 대한 간접적인 지지가 된다는 점이다.
이 말은 통합된 진술들의 체계로부터 진술들을 검증할 때 연구가 보다
효율적임을 의미한다. 왜냐하면, 이것이 검증하기 위해 선정된 바로

그 진술보다는 전체의 진술체계에 대한 확신에 영향을 주기 때문이다.

인과적 과정형태의 이론 또는 과정형태로 된 공리적 이론으로부터 나온 진술들의 주요 이점은 그 이론에 대한 전반적인 지지를 평가하기가 훨씬 쉽다는 것이다. 예를 들어, <그림 6-1>의 설명은 각 진술이 받는 지지의 정도가 무엇이며 각 진술이 그 이론의 다른 진술에 어떻게 관계되는가를 분명히 해 준다. 하나의 이론이 공리적 형태로 제시되고 그 공리들이 직접적으로 검증될 수 없을 때에는, 공리들로부터 도출된 하나의 진술에 대한 경험적 지지는 그 공리들 자체에 대해 간접적인 지지를 제공한다. 왜냐하면 이것이 우선적으로 그 진술들을 도출할 수 있는 논리적 관계이기 때문이다. 본질적으로 논리적 추론은 연역적이기 때문에―그 진술들은 공리와 명제들로부터 추론―공리에 대한 확신은 진술들로 "하향적으로" 또는 "상향적으로" 작용한다. 이런 이유 때문에 공리적 형태의 이론에서의 진술들 간의 확신은 인과적 과정의 형태에서처럼 아주 넓게 그리고 아주 빠르게 확산되지는 않는 것 같다.

요약하여 이론이 공리적 또는 인과적 과정형태라면 그 이론의 진술들은 상호 관련된다. 본래, 어떠한 진술도 경험적 결과와 비교될 수 없다. 그러나 이론에서 생성된 진술들이 경험적 연구의 결과와 일치하는 정도가 높을수록 그 이론에 대한 확신은 증가한다. 이론에 대한 경험적 지지는 만일 그 이론이 인과적 기술(설명)로 제시될 때에 평가하기에 보다 쉬운 것으로 보인다.

5. 이론의 비교

　과학적 활동의 많은 부분이 어떤 이론은 "옳고" 어떤 이론은 "틀린"가를 결정하는 이론 간의 선택에 치중되어 왔다. 말하자면, 과학자들은 대부분 진정한 "참"을 발견하는 데 종사한다. 이런 개념에서 볼 때, 과학적 연구는 "결정적(crucial)" 실험들—"거짓"으로부터 "참"을 구별하기 위한 실험—로 구성되는 것으로 인식된다. 앞에서의 논의를 통해 이러한 개념은 여러 가지 측면에서 오류가 있음을 명백하게 알아야 한다.

　첫째, 과학적 활동은 현상에 대한 보다 정확한 설명체계를 개발하는 것(보다 유용하게)으로 간주되는 것이지 진정한 "참"의 추구에 있는 것은 아니다.

　둘째, 어떤 단일의 경험적 연구도 하나의 이론이 완전히 "부정"되도록(rejected) 하는 충분한 증거를 제시하지는 못한다.

　셋째, 어떤 과학적 이론이 그것들이 활성화되는 조건에 대한 정의를 포함하여 인과적 과정에 대한 설명체계로 생각된다면, 어떤 조건하에서 특정의 과정이 얼마나 많은 영향을 미치게 되는가를 알아보는 것이 보다 생산적이다. 다시 말해서 종속변인에 영향을 주는 여러 가지 과정들이 있을 수 있을 것이다. 보다 유용한 한 가지 물음은 그것이 "옳으냐", "틀리냐"가 아니라 각 과정이 얼마나 많은 영향력을 미칠 수 있느냐 하는 것이다.

　마지막으로, 이론들 간의 구체적인 비교가 종종 왜 실패하는가에 대해서는 또 다른 중요한 이유가 있다. 이것은 이론들이 항상 직접적으로 비교될 수 있는 것은 아니기 때문이다. 어떤 이론이나 진술의 중요한 부분은 그것이 적용될 수 있는 조건들에 대한 설명을 포함한다. 단지 두 개의 이론들만이 동일한 상황 또는 현상에 적용될 수 있다면 그것의 유용성이 비교되어질 수 있다. 그러나 이론들 또는 진술들은 두 가지 중요한 특성 즉 정치성(precision)과 일반성(generality)의 관점에서 비교되어질 수 있다. "정치성"은 예측의 정확성을 의미하는 것인 반면 "일반성"은 어떤 이론이 적용될 수 있는 다양한 상황의 범위를 의미한다. 언제나 이들 두 가지 특성은 부적으로 상호 관련된다. 즉 아주 정치한 이론은 소수의 특정상황에만 적용될 수 있으며 덜 정치한 이론은 보다 폭 넓은 범위의 상황들에 적용될 수 있다.

예를 들어, 어떤 이론의 부분이 될 수 있는 다음 두 개의 진술을 생각해 보자.

① 상호작용하는 사람들의 대면집단에서 어떤 한 사람은 다른 사람보다 토의에 더 많이 공헌할 것이다.

② 대체적으로 동등한 사회적 지위를 갖고 있는 세 사람이 대면적인 토의를 통한 주관적인 판정을 필요로 하는 모호한 문제에 대한 합의를 하게 될 때 어느 한 구성원은 대부분 그 집단에서 일어나는 모든 행위의 45% 정도를 주도할 것이다(다시 말해서 한 사람이 전체 대화의 45%를 주도할 것이다. Bales, 1970, p.467).

진술 ②의 조건을 충족시키는 어떤 상황은 진술 ①의 상황을 만족시킬 것이지만, 진술 ②의 예측이 진술 ①의 예측보다는 정치할 것이라는 것은 명확하다. 반면에, 진술 ①은, 예를 들어 진술 ②의 범위를 벗어나는 보다 큰 집단과 같은, 많은 상황에 적용되어질 수 있다. 이 선택은 "일반적이나 대략적(approximate)인 진술"과 "덜 일반적이지만 보다 정치한 진술"들 간의 문제이다. 그렇다면 어떤 것이 "더 좋은" 또는 보다 유용한 진술인가? 이 대답은 과학자의 목적에 따라 다르다.

그러나 일반적으로 동일한 사건을 설명하기 위해 제안되는 두 개는 서로 다른 이론이 있다. 다시 말해서 그것들은 동일한 과정을 기술한다. 이 두 가지 이론들이 진정 양립될 수 없고 그래서 종속변인에 동일한 영향을 주는 바로 서로 다른 과정들이 아니라면, 어떤 기준이 그것들을 구분하고 선택하여 사용될 수 있는가를 생각하는 것이 가치가 있다. 물론, 그것들은 모두가 동등한 경험적 지지를 갖고 있다고 가정하는 것이 필요하다. 다시 말해서 확실히 보다 많은 자료를 설명하는 이론들이 선택된다.

자주 언급되는 하나의 기준은 가장 알뜰한(parsimonious) 이론을 선택하도록 하는 "간결성"이다. 만일 법칙체계형의 이론을 사용하고 있다면 이런 기준을 적용하는 것은 결코 어려운 일이 아니다. 간결성은 특히 법칙들이 수학적 등식으로 표현될 때 사용한다.

예를 들어 두 변인들 X와 Y 간의 관계성의 형태를 생각해 보자. 세 가지 등식이 이들의 관계성을 기술하는 데 사용될 수 있다.

① $X = aY + b$ (일차방정식)
② $X = aY^2 + bY + c$ (이차방정식)
③ $X = aY^b$ (멱함수(冪函數))

관찰된 경험적 관계성들과 이들 세 가지 등식에 의해 기술되는 형태 간의 조합이 동일하다면, 세 가지 등식은 모두 그 자료에 아주 동등하게 꼭 "적용된다(fit)". 그러나 단순성이라는 기준은 "법칙"을 기술하는 것으로서의 일차방정식을 채택할 것을 제안할 것이다. 일차방정식은 보편적으로 이차방정식 또는 멱함수보다 간단한 것으로 간주된다. 이차방정식과 멱함수의 구분이 그리 명확한 것은 아니다.

대조적으로 공리적 또는 인과적 과정형태의 이론을 사용한다면 상황은 훨씬 복잡하다. 중요한 문제는 "간결성"을 개념들과 진술들의 통합된 체계의 한 가지 특성으로 정의하고자 하는 시도이다. 그 이론을 구성하는 몇 가지 개념들과 진술들을 열거하는 것이 가능할지 몰라도 몇 가지 개념들과 진술 간의 명확한 구분이 존재한다면 또 다른 문제가 야기된다. 당신은 어떤 개념의 간결성을 어떻게 측정하는가? 두 가지 "쉬운" 개념들이 한 가지 "어려운" 개념보다 "간결한" 것이라고 생각할 수 있다. 그러한 하나의 이슈에 대한 합의를 도출하는 것이 더 어려울지도 모른다. 이것은 확실히 객관적 결정은 아니다.

두 번째 보다 중요한 문제는 간결성이라는 기준이 원인이해력을 제공하는 것과 일치되지 않을 수도 있다는 점이다. 과학적 지식은 중요한 목적으로서의 원인이해력이 무시된다면 간결성은 이를 측정하는 어떤 절차가 수행될 수 있을 때 합리적인 기준일 수 있다. 그러나 단지 어떤 이론이 인과적 과정에 대한 설명을 제공할 때만이 원인이해력이 달성된다면, 가장 유용한 이론은 그 인과적 과정에 대한 가장 세부적인 설명을 제공하는 이론일 것이다. 간단히 말해서 가장 정교한 이론이 가장 높은 원인이해력을 제공할 수 있는 것이다. 간결성의 기준과 원인이해력의 기준 간의 비일치현상은 간결성이 논리체제 또는 "법칙"형태의 선택에는 계속적으로 유용할지라도 실체적인 이론들의 유용한 선택 기준이 되지 못함을 의미한다.

간결성이 이론들의 선택을 위한 유용한 기준이 아니라면 어떤 기준이 적용되어야 하는가? 가장 바람직한 기준으로써 가장 큰 원인이해력을 제공하는 이론을 생각하는 데는 몇 가지 이유가 있다.

불행하게도, 원인이해력은 거의 전적으로 개인적인 문제이며 과학자마다 다양할 수 있다. 거기에는 원인이해력에 영향을 주는 최소한의 두 가지 요인—어떤 이론의 사용경험(이론이 많이 사용될수록 과학자들은 이에 더 친숙하게 느낀다)과 주제에 대한 동일한 개념을 갖는 다른 이론들의 수—이 있을 것이다. 두 번째 요인은 인과적 과정형태의 이론과 관련하여 특히 중요하다. 각각의 과정은 그 현상에 대한 개념, 패러다임을 반영하는 것으로 생각되어질 수 있다. 수많은 과정들 또는 이론들이 동일한 기본적 패러다임을 갖는다면 어떤 하나의 과정에 의해 제공되는 원인이해력은 이것이 그 개념을 다른 과정들과 공유한다는 사실과 부분적으로 관계된다. 그러므로 하나의 과정 또는 이론을, 과정들의 전체적 체계를 부정하지 않고서, 부정하기는 힘들 것이다. 이론들이 아주 빠르게 변하지는 않으나 하나의 새로운 이론이 하나의 낡은 이론을 대치하기에 수 십 년이 걸리는 것은 바로 이런 이유 때문이다.

요약하자면, 이론들 간의 비교가 사회과학에서는 흔하지는 않으나 가장 중요한 것이다. 이론들이 인과적 과정들의 기술로서 간주된다면, 이것은 무엇이 "진정한" 과정인가를 결정하기보다는 각 과정들의 상대적인 영향력과 그것들이 서로 어떻게 영향을 미치는가를 결정하는 것이 보다 유용할 것이다. 이론들은 그것들의 범위(이론이 적용될 수 있는 상황의 범위)와 정치성(그것들의 예측의 정확성)의 측면에서 상당히 다양하기 때문에 다양한 이론들이 다양한 목적을 위해 유용할 수 있다. 만약 이론들 간에 구분을 해야만 한다면 인과적 과정을 가장 구체적으로 기술해 주는 이론을 채택하는 것이 보다 간결한 이론보다 더 유용할 것이다. 어떤 현상에 대한 한 개인의 생각과 그가 원인이해력을 제공해 주는 것으로 생각하는 과정들의 형태의 밀접한 관계(연결)는 새로운 이론이 기존의 이론을 대치하는 데 오랜 시간이 걸린다는 것을 의미한다.

6. 결 론

이 장에서의 요점을 다음과 같이 요약할 수 있다.

① 추상적 진술은 "참"으로 증명될 수 없으나 "거짓"으로 증명될 수는 있다.

② 구체적 진술은 "참" 또는 "거짓"으로 증명될 수 있다.

③ 구체적 진술은 추상적 진술의 유용성을 간접적으로 지지한다.

④ 추상적 진술은 보다 많은 상황들을 유용하게 설명하는 것으로 밝혀짐에 따라 그 진술의 유용성에 대한 확신은 증가한다.

⑤ 유의성에 대한 고전적인 통계적 검증은 구체적 진술에는 간접적으로 적용될 수 있으나 일반적으로 추상적 진술에는 직접적으로 적용될 수 없다.

⑥ 실체적(substantive) 유의성은 종종 통계적 유의성보다 더 중요하다.

⑦ 직관적 판단에 기초한 가설들은 연구자료가 분석되기 이전에 공개되어야 한다. 명백한 이론들로부터 도출된 가설들은 가설이 진술되기 전 또는 후에 수집된 자료들을 검증할 수 있다.

⑧ 어떤 이론으로부터 도출된 하나의 진술에 대한 지지는 전체이론에 대한 간접적인 지지를 제공한다. 보다 많은 진술들이 경험적 결과들과 일치하는 것으로 밝혀질 때 그 이론에 대한 확신은 증가한다.

⑨ 검증되지 않은 진술에 대한 확신은 상호 관련된 진술들의 체계인 "잘 지지된" 이론으로부터 그 진술이 도출될 때, 독자적으로 고려될 때보다 언제나 더 크다.

⑩ 많은 이론들(인과적 과정들)의 각각이 어떤 현상에 "얼마나 많은 영향을 미치는가"를 고려하는 것이 그 이론이 "옳으냐", "틀리냐"의 대답보다 더 유용하다.

⑪ 원인이해력을 제공하는 것이 상충하는 이론들(공리적 또는 인과적 과정형태의)을 구분하는 데 있어서 간결성보다 유용한 기준으로 보인다.

　일반적으로, "승리자"냐 아니면 "패배자"로 귀결되느냐 하는 극적인 대결은 거의 없기 때문에 이론에 대한 확신은 서서히 변한다.

7. 과학적 지식체계의 개발전략

진리를 탐색하고 발견하는 데는 두 가지 방법이 있을 수 있다. 그 하나는 감각과 구체적 사상으로부터 가장 일반적인 공리(법칙)들을 축적하고, 그런 다음 불변하고 안정적인 것으로 인정되는 진리인 이들 원리로부터 판단을 해서 중간적 공리(덜 추상적인 진술)의 발견에 도달하는 것이다. 따라서 이러한 방법은 현재 유행하고 있는 것이다. 다른 하나는 감각과 구체적 사상으로부터 유래하여, 점진적이고 너무 단절적이지 않은 발전을 통해, 최종적으로 가장 일반적인 공리(법칙)에 도달한다. 이것이 진정한 과학적 방법이다. 그러나 이런 방법이 아직껏 시도된 적은 없다.

Francis Bacon, 금언 16, 신논리학, 1620.

앞에서 과학의 목적(분류체계, 설명과 예측, 통제력 그리고 원인이해력)을 달성하는 데 유용한 아이디어체계로서의 과학적 이론의 개념을 살펴보았다. 또한 패러다임이나 아이디어를 기술하는 것과 이론적 개념이나 진술을 사용하는 절차에 대해서도 논의하였다. 진술을 이론의 형태로조직하는 세 가지 방법, 즉 법칙체계로서의 이론, 공리적 이론 또는 인과적 과정으로서의 이론을 각각 고찰하였다. 나아가 제6장에서는 자연적 현상에 대한 설명으로서의 이론이 경험적으로 검증되는 방법을 설명하였다.

이 장에서는 앞에서의 논의와는 형태가 전혀 다른, 과학적 지식체계를 개발하는 데 사용될 수 있는 전략에 대해 논의할 것이다. 위의 Bacon의 진술문에서 살펴본 것처럼, 두 가지 기본적인 전략이 수백 년 동안 논의되어 왔다. 그는 경험적 연구를 통해 검증한 후에 이론을 고안하는 전략을 "정신적 예감(Anticipation of the Mind)"이라 지칭하는 반면, 모든 가능한 자료를 면밀히 검토하는 것으로부터 "자연의 법칙"을 도출하는 전략을 "자연의 해석(Interpretation of Nature)"이라 부른다. Bacon은 "진정한 과학적 산물"은 후자의 방법을 사용한 것이어야 한다고 주장하는데 이것을 베이컨적 전략이라고 하기도 한다. 다음은 이들 두 가지 전략을 설명하고 평가한 후 양자를 종합하는 종합전략(composite strategy)을 제안하겠다.

1. 연구반영이론

이 전략은 본질적으로 다음과 같다.

① 어떤 현상을 선정하여 그 현상의 모든 특성을 열거한다.
② 그 현상에 열거된 모든 특성을 가능한 한 다양한 상황에서 측정한다.
③ 좀 더 주의를 기울일 가치가 있는 자료들 간에 어떤 체계적인 형태가 있는가를 결정하기 위해 도출된 자료를 면밀히 분석한다.
④ 일단 분석한 자료에서 유의미한 형태가 발견되면 이들 형태를 이론적 진술로 공식화한다. 이것이 자연의 법칙(Bacon의 용어로 하면 공리)이 된다.

베이컨적 접근이라고 불리는 이 전략은 어떠한 조건하에서 유용한 이론을 개발하는 효율적인 전략이 될 것인가? 여기에는 두 가지 조건이 요구된다. 첫째는 자료를 수집하는 동안 측정해야 할 변인의 수가 비교적 적어야 한다. 이들 변인에 대한 신빙성 있는 측정이 용이하면서도 효과적으로 이루어질 때 보다 바람직하다. 이러한 조건하에서는 어떤 상황이나 사건의 "모든" 특성을 측정한다는 것이 그리 어려운 작업은 아니다. 왜냐하면 모든 특성을 측정한다는 것이 결국 자료를 아주 적은 양으로 만들어 주기 때문이다.

둘째 조건은 그 자료들에서 발견되는 유의미한 형태의 수가 적어야 한다는 것이다. 그렇게 될 때 이들 소수의 명백한 형태를 찾아내기가 비교적 쉽다. 다시 말해서 주어진 상황에서 단지 몇 개만의 인과적 관계성이 존재한다면 이들 자료를 검토함으로써 이러한 관계성을 설정하기가 쉬울 것이다.

사회현상에 대한 현재의 지식에 기초할 때, 대부분의 사회적 상황이 이들 두 가지 조건―중요한 변인의 수가 적어야 하고 한정된 수의 유의미한 인과적 관계성이 존재해야 하는―을 충족시키고 있다고 기대할 수 있을 것인가? 그렇지 않다.

사회과학의 한 가지 특징은 어떤 사건이나 현상의 성격을 규정하는 중요한 변인이 무엇인가에 대한 합의가 없다는 점이다. 어떤 특정의 사건이나 실체를 연구하기 위해서는 수백 개의 서로 다른 변인이 제안되고 측정된다. 예를 들어 사람을 묘사하기 위해 제안되어 온 인성변인은 수백 가지이다.

지금까지 첫 번째 조건을 충족시키지 못한 기본적인 이유는 아마도 사회과학에서 베이컨적 전략에 대한 회의가 있었기 때문이다. 순수한 의미에서 어떤 현상을 기술하는 방법의 수는 거의 무한정하기 때문에 사회과학자들은 많은 현상에 대하여 이러한 회의적 태도를 취했던 것 같다. 그러나 이러한 문제가 해결된다고 가정하면, 인과관계성의 수가 적어야 한다는 두 번째 조건에 대해서는 어떨 것인가?

사회현상의 두 번째 지배적인 특징은 대부분의 사건에 영향을 미치는 미묘하고 상호 관련된 인과관계성의 수가 비교적 많은 것으로 보인다는 점이다. 만일 이것이 사실이라면, 세 번째 단계로서 분석되어져야 할 많은 변인들 중에서 어떤 체계적인 형태를 찾는다는 것이 어려울 것으로 예상된다.

불행하게도, 고전적인 통계적 추론은 대량의 자료에서 어떤 체계적인 형태를 발견하는 이상적인 방법을 제시하지 못한다. 0.05라는 통계적 유의성(알파계수)이 두 변인 간의 관계성은 "유의한" 것으로 고려되는 수준이라고 가정하자. 이 말은 과학자가 실제적으로 관계성이 무작위인 자료에서 체계적인 형태가 있다는 것을 추론하는 확률이 20분의 1임을 의미한다.

만약 연구자가 고려하는 관계성이 수백 개이고 고전적인 통계측정으로 알파계수가 0.05 수준이라면, 각 변인들 간의 무작위적 관계성이 존재하는 경우 20개의 관계성 중에서 한 가지가 0.05수준에서 의미가 있을 것이라고 기대할 수 있다. 간단히 말해서 대량의 변인들 간의 관계성을 분석할 때 통계적 유의성에 대한 고전적 측정치는 유의성 측정치로서의 가치를 많이 상실한다.

그러므로 베이컨적 전략은 두 가지 중요한 결점을 갖고 있는 것으로 보인다. 첫째, 수집될 수 있는 자료의 양은 이론적으로 무한하며, 따라서 가장 중요한 변인이 무엇이냐에 대해 과학자들 간에 합의가 없으므로 측정해야 할 특성의 목록은 무한하다는 결과를 초래하였다. 그러므로 이런 전략을 적용하는 과학자들은 가장 중요한 모든 변인을 열거하고자 하는 첫 단계를 달성할 수 없다. 둘째, 결과로 나타나는 자료 간에서 실제적으로 흥미 있는 형태를 발견하는 일은 아주 어려운 문제이다. 왜냐하면, 모든 자료를 중요하게 고려하도록 하는 잠재적 관계성은 너무 많기 때문이다.

이러한 전략에 아주 많은 결점이 내포되어 있다면, 지금도 왜 이 전략이 사용되고 있느냐 하는 문제가 제기된다. 이 전략이 여전히 과학적 전략으로서 효력을 갖고 있다는 데는 의문의 여지가 없다. 사회적 과정에 관한 경험적 연구를 다룬 최근의 문헌은 Bacon으로부터 인용한 장이 많다(Burgess와 Bushell, 1969, p.27). 그 이유는 이 전략이 자연과 과학에 대한 그것의 관계성에서 두 가지 가정과 연합된 것으로 보이기 때문이다. 두 가지 가정이란 ① 자연에는 발견되어야 할 "실제적 참"이 발견 가능한 형태 또는 규칙성의 형태로 존재한다는 것과, ② 과학적 지식은 이러한 "실제적 참"을 반영하는 법칙체계로 조직되어야 한다는 것이다. 만일 어떤 사람이 이 두 가지 가정을 적용한다면, 연구반영"법칙체계"(research-then-"set-of-laws")가 "실제적" 과학을 도출할 수 있는－진정한 "자연의 법칙"을 발견하는－유일한 전략이라고 결론을 내리는 데는 그만한 근거가 있을 수 있다.

　현실적으로 "실제적 참"은 자연에서 발견되어야만 한다는 두 가지 가정 중 첫 번째 가정을 경험적으로 검증할 방도는 없다. 어떤 법칙에 대한 확신이 너무 강해서 그 법칙들이 참으로 간주된다는 사실은"참"은 발견되어져야만 한다는 일반적 가정과는 무관하다. 첫 번째 가정은 검증 불가능한 명제이기 때문에 단지 그런 명제에 입각하여 전략의 유용성을 평가할 수밖에 없다. 다음 절에서 "연구반영이론"의 전략이 갖는 유용성을 구체적으로 논의하겠다.

　과학적 지식은 법칙의 체계로 조직되어야 한다는 두 번째 가정은 실제적으로는 첫 번째의 명제에 부속되어야 한다. 왜냐하면 당신이 이들 법칙은 자연의 "밖에 있는" 관계성을 기술하는 것이라고 가정한다면, 과학적인 지식은 자연의 진정한 형태를 반영하는 그런 식으로 조직되어야 한다는 것을 가정하는 것도 이유가 있기 때문이다. 그러나 법칙체계로서의 이론의 개념에 대한 상대적인 장점과 단점은 제5장에서 자세히 설명하였기 때문에 여기에서 재 고찰할 필요가 없다.

　이런 전략의 한 가지 흥미로운 점은 자료에서 얻은 현상에 대한 모든 아이디어를 습득하는 데 강조점을 둔다는 것이다. Bacon(1863, pp.60～61)은 실제적으로 다음과 같이 주장한다.

　……마음(mind) 그 자제는 아주 처음부터 동떨어져 그 자신의 과정을

갖는 것이 아니라 모든 단계에서 유도되는 것이고 마음의 경영은 마치 기계에 의해서처럼 움직여진다.

만일 "기계"라는 단어가 "컴퓨터"라는 단어로 대치된다면 이러한 제안은 아주 현대적인 의미를 갖는다. 과학자들이 자료를 분석할 때 용이하게 해 주는 컴퓨터라는 기계와 같은 다양한 방법론적 절차가 개발되어 왔다.

요인분석은 다양한 상황에서 "함께 작용하는(go together)" 변인이 무엇인가를 결정하도록 해 주는 절차이다. 일단 그 절차가 측정된 변인이 정적으로든 부적으로든 높게 상관됨을 나타내 주면 과학자는 모든 조작적 절차들을 통합시킬 수 있는 추상적 개념을 고안할 수 있다. 최근의 구조분석(Lazarsfeld와 Henry, 1968)은 이와 동일한 전략을 사용하지만 측정된 변인에 대한 보다 낮은 수준의 양화를 가정한다. 이러한 많은 절차들이 현대의 컴퓨터가 없으면 무용지물이기 때문에 그것들의 실제적 작업은 컴퓨터에 의해 수행되어야만 한다. 측정모델 또는 척도모델(Torgenson, 1958)은 일단의 자료를 수집하고 난 다음에 자료의 내적 일치도를 검토함으로써 어떤 측정(양화)의 수준이 특정 변인에 원인이 있는지를 결정하도록 해 준다.

이러한 기계적 기법은 그 자체로서는 "연구반영이론" 철학을 반영하는 것이 아니다. 그러나 종종 그것들은 마치 "자연의 법칙"을 발견하도록 해 주는 것처럼 사용된다. 그러나 과학자는 이러한 절차를 인간의 정신(human minds)이 접촉되지 않는 과학인, 베이컨적 전략을 수행하는 것보다는 다른 목적을 위해 사용할 수 있다. 다시 말해서 과학자는 이러한 절차를 "아이디어를 얻기 위해서" 사용할 수 있다. 다음 절에서 더 자세한 설명을 하겠다.

2. 이론반영연구

이 전략은 다음과 같은 순서로 설명될 수 있다.

① 공리적 설명형태이든 아니면 과정적 설명형태이든 간에 하나의 명백한 이론을 개발한다.
② 경험적 연구결과와 비교하기 위해 그 이론에 의해 생성된 진술을 선정한다.
③ 선정된 진술과 경험적 연구와의 일치 정도를 검증하기 위해 연구계획을 설계한다.
④ 만일 이론으로부터 도출된 진술이 연구결과와 일치하지 않는다면, 이론이나 연구 설계상에서 적절한 변화를 가한 다음 연구를 계속한다(2단계로의 복귀).
⑤ 이론으로부터 도출된 진술이 연구결과와 일치한다면, 검증할 진술을 더 선정하거나 그 이론의 한계점(그 이론이 적용되지 않는 상황)을 결정하기 위해 시도한다.

이 전략의 중심적인 초점은 이론구성(theory construction)과 경험적 연구 간의 계속적인 상호작용을 통하여 명백한 이론을 개발하는 것이다. 이론반영연구 전략은 ≪억측과 논박(Conjectures and Refutations)≫이라는 저서에서 Popper(1963)가 가장 명확하게 발전시켰는데, 그는 이 책에서 과학적 지식은 새로운 아이디어(억측)의 개발을 통해 가장 급속하게 발전될 것이며 경험적 연구(논박)를 통해 그것의 결점을 지적하려고 시도된다고 주장한다.

만약 발견되어야 할 "실제적 참"이나 "자연의 법칙"이 존재하지 않으나 과학은 현상에 대한 설명을 고안하는 과정이라고 가정한다면 "이론반영연구" 접근은 바람직한 전략이 된다. 이론구성(고안)과 경험적 연구 간의 계속적인 상호작용이 진행됨에 따라 그 이론은 자연의 설명으로서 보다 정확하고 완전하게 되고, 그럼으로써 과학의 목적에 보다 유용해진다.

이 전략에 관련된 한 가지 중요한 문제는 공리적 또는 인과적 과정의 이론으로부터 나온 진술이 경험적 자료를 비교하기 위해 어떻게 선정되어야 하는가의 문제이다. 여기에는 여러 가지 가능성이 존재한다. ① 가장 "참"일 가능성이 있는, 즉 경험적 결과와 가장 일치하는 진술을 선정할 수도 있고, ② 가장 "거짓"일 수 있는, 즉 경험적 결과와 일치하지 않는 진술을 선정할 수 있거나, 아니면 ③ 그 이론에서 가장 중요한 진술, 즉 그 공식에서 가장 중요한 진술을 선정할 수도 있다. 만일, 우리가 유용한 이론들을 개발하는 것을 과학적 활동의 기본적인 목적이라고 가정한다면, 문제가 될 수 있는 진술들이나 중요한 진술들은 일차적으로 검증되어야만 할 것이다. 그렇지 않으면 나중에 가서 쓸모없는 것으로 판명되는 이론에 많은 노력을 허비할 수가 있다. 가장 중요한 진술이나 아니면 틀림없이 가장 거짓일 가능성이 있는 진술이 일차적으로 검증된다면 그 이론이 변화될 필요가 있는 부분이 무엇인가가 직접적으로 명백해질 것이며, 나아가 만일 (그것이) 지지되지 않으면 현재의 이론이 수정되든가 또는 하나의 새로운 이론이 대신 만들어질 수 있을 것이다. 그러므로 일반적인 규칙으로서, 연구란 그것을 가능한 한 어렵도록 만들기 위해 계획되어지기 마련이다. 이것이 연구란 엉성해야(sloppy) 된다는 것을 의미하지는 않는다. 말하자면 이 말은 어떤 이론의 가장 취약한 부분이 우선적으로 검증되어야 한다는 것을 의미한다.

<그림 7-1> 연금술에 관한 풍자화

자료: 이 풍자화는 1969년 10월 4일자 The New Yorker에 W. Miller가 그린 것인데 The New Yorker Magazine사의 허가하에 재인쇄한 것임.

"······그리고 세심하게 수행되는 나 자신의 확실한 공식을 통해, 나는 결국에는 금을 만들어 낼 수 있는 실험을 했다. 그러나 결과는 그렇지 않았다. 그래서 나는 3일 전에 당신으로부터 구입한 재료가 결함이 있고 낮은 등급의 품질이었다고 결론을 내릴 수밖에 없다."

과학자들에게 초인간적(superhuman) 자기훈련을 부과하는 것처럼 보이는 것이 "이론반영연구"전략의 한 가지 특징이다. 어떤 이론이 경험적 증거에 의해 지지되지 않는다면 이 이론은 마땅히 폐기되든가 아니면 수정되어야 한다. 어떤 의미에서는 이것이 이 연구전략의 절차 중 가장 어려운 부분이다. 왜냐하면 이것은 이론을 개발하기 위해 많은 시간과 지적인 투자가 들며 따라서 과학자들은 그들의 이론들에 대해 "자기 심취적(ego-involved)"으로 되는 경향이 있기 때문이다. 그러한 산출을 거부하는 것은 납(그 납이 "정말" 순품이라면)으로부터 금을 얻어 낼 수 있다고 생각하는 풍자화에서의 연금술사처럼(<그림 7-1> 참조) 종종 아주 힘들다. 불행하게도, 현재 사람들에게 어떤 이론에 대한 확신을 버리도록 강요할 방법이 없다. 다시 말해서 인간의 마음은 언제나 어떤 이론은 왜 "당연히 활용되어야 한다"거나 어디에 잘못이 있는가에 대한 이유를 만들어 낼 능력이 없다. 달에서 찍은 지구의 사진은 후에 가서도 이것은 여전히 "평평한 지구사회(Flat Earth Society)"이다. 자아탈피적 과학적 전략이라는 이상은 결코 달성될 수 없을 것이다.

이 전략에서 한 가지 해결되지 않은 문제가 있다. 즉, 최초의 아이디어는 어디서 나오는가? 어떤 이론도 연구활동 또는 자료수집에 대한 지침을 제공할 것이며, 그래서 이 활동은 하나의 이론에 의해 유도된다면 보다 효율적일 것이다. 그러나 많은 연구활동은 최초의 이론이 무작위적 진술체계 또는 무정보적 추측이 아니라면 비용이 훨씬 덜 들고 간소할 것이다. 이 장의 후반부(pp.153~154)에서 이 두 가지 전략의 장점을 모두 결합하려고 시도하는 종합적 접근을 논할 것이다.

3. 전략의 비교

　연구반영이론과 이론반영연구의 두 전략은, 각각의 전략이 "실제세계"와 과학적 지식 간의 관계성에 대한 상이한 가정을 반영하기 때문에 어떤 객관적인 방법에 의해 평가될 수는 없다. "연구반영이론" 접근은 자연 속에는 "실제적" 형태들이 있고 과학자가 할 일은 이들 형태 즉 자연법칙을 발견하기 위한 것이라는 가정을 반영한다. 풍자화에서의 Margaret의 접근처럼 퍼즐을 맞추는 방법은 단지 한 가지뿐이며 유일의 문제는 조각들을 조직하는 방법을 알아내는 것이다. 이것을 믿음으로써 Margaret은 자신이 결국에는 모든 부분들을 하나의 정확한 관계성으로 조합시킬 수 있다는 것을 알기 때문에 조각들을 이렇게 저렇게 맞추어보는 데 많은 시간이 걸려도 아주 만족스러워 한다.

　"이론반영연구" 접근은 과학자는 연구되고 있는 어떤 현상에 대해 자신들의 설명을 개입시킨다(impose)는 가정을 반영한다. 과학적 활동은 이론들을 고안(invention, 어떤 아이디어를 공리적 또는 인과적 과정형태로 형식화)하고, 그런 다음에 고안된 결과의 유용성을 검증하는 과정이다. <그림 7-2>에서 Dennis는 그 조각들에 대해 어떤 종류의 조직을 부여하는 것이 중요한 목적이라고 생각해서 해결책이 나오기까지 몇 가지 조각들을 짜 맞추는 데 매달려야만 할지라도, 대략적인(approximate) 해결에 만족한다. 그의 전략을 통해서 Dennis는 Margaret과 비교해서 상대적으로 적은 시간 동안에 조각들을 조직하고 그리고 "좋은" 해결책을 제공하기 위해서 시도해 본다.

　이 두 가지 접근은 자연과 과학적 지식 간의 관계성에 대해 서로 다른 철학을 반영한다. "이론반영연구"전략을 사용하는 최종적 결과는 (좋은 해결이 고안되지 않을 때) 결국에는 법칙이 발견되어 온 "연구반영이론”전략을 사용하는 것과 동일할 것이라는 것도 가능할 수 있다. 이런 경우에 “이론반영연구”의 접근은 최종적 진실에 이르기 전에 근사한 해결책을 제공하는 장점이 있다. 그러나 이러한 문제에 대한 경험적인 답을 개발하거나 또는 발견할 수 있는 가장 기본적인 일단의 체계나 법칙이 존재하는가를 결정할 방법이 없다. 결국 이러한 견해들은 하나의 전략 또는 다른 전략이 자연에 관한 가정이 무엇이냐에 의존한다는 점에서 동일한 철학적·종교적 신념을 갖는다. 그러나 두 가지의 전략들은 과학적 지식체계를 달성하는 그것들의 유용성의 관점에서 비교될 수 있다.

<그림7-2> Dennis의 ‘그림조각 맞추기’(Hank Ketchum 작)

　연구반영이론 접근을 사용하는 데 있어서 수행해야 할 기본적인 문제는 어떤 현상에 대해 측정될 수 있는 모든 변인을 정의하기가 거의 불가능하다는 것이다. 다시 말해서 측정해야 할 사물의 목록이 무한정하다. 그러나 이것은 무시할 수 있을지 몰라도 가능한 무한정의 관계성들로부터 유의미한 인과적 관계성을 선정하는 문제는 생략될 수 없다. 거기에는 그것들을 아주 진지하게 고려하도록 하는 너무 많은 관계성이 있다. 그러나 실제적 적용에 있어서, 이 전략은 이런 방식으로 사용될 수 없다. 연구자는 종종 그의 선택을 안내해 줄 자신의 전문적인 판단 또는 직관을 생각하여 자신이 흥미롭다고 생각하는 것을 측정하기 위한 변인들만을 선택할 것이다. 마찬가지로 자료를 분석할 때에도 자신이 의미롭다고 생각하는 변인들 간의 관계성에 주목하는 경향이 있다. 그러나 그 과학자가 자신의 연구진행에 관한 결정을 내리기 위해 비형식화 된 규칙들을 사용한다면 그가 내린 결론을 다른 사람들이 다시 내리기는 거의 불가능한 것이며, 따라서 이것이 그의 연구결과에 대한 다른 사람들의 확신 정도를 감소시킴으로써 상호 공통적 합의는 성취될 수 없을 것이다.

　이론반영연구 전략을 수행하는 데 있어서 가장 근본적인 문제는 맨 처음의 이론을 고안하는 데 있다. 최초의 경험적 자료가 수집되기 전에는 완전하게 공식화 된 이론을 개발하지 않으려는 경향성이 있다 과학자는 실제적으로 이론에 대한 간단한 스케치만을 갖고 출발한 다음 그 아이디어가 추구할 가치가 있는 것인지, 없는 것인지를 결정하기 위한 몇 가지 예비연구를 수행한다. 예비연구 동안에 과학자는 그의 자료를 통해 실제적으로 그 이론이나 현상에 내재되어 있는 것처럼 보였던 어떤 흥미로운 형태를 찾아 나선다. 다시 말해서 이 절차는 엄격한 형태로 고착될 수 있는 것이 아니라 연구 이전의 이론에 초점을 둔다. 즉 뛰기 전에 앞을 보라는 방식이다.

두 가지 전략들은 그것을 통해 경험적 연구가 수행되는 효율성과 관련하여 고찰될 수 있다. 그러나 이것은 과학적 이론에 대한 어떤 개념이 채택되느냐에 따라 다르다. 과학적 지식이 일단의 법칙들로 조직되어야 한다면, 이론반영연구전략은 많은 수의 법칙들 또는 경험적 일반화들이 동일한 체계의 자료들로부터 발견될 수 있기 때문에 보다 효율적인 연구를 수행하게 할 것이다. 즉 발견될 수 있는 법칙들이 많을수록 법칙 하나에 드는 비용은 저렴하다. 반대로 이론반영연구전략은 일단의 법칙들을 발견하는 데 있어서 덜 효율적이다. 이 전략은 가능성 있는 법칙이 진술된 다음에 그 일단의 법칙을 검증하기 위해 연구 프로젝트가 계획된다는 것을 의미한다. 각 법칙에 대한 개별적인 연구 프로젝트는 많은 법칙들을 일시에 검증하는 것보다 더 비용이 많이 들 것이다.

반면에, 과학적 이론이 공리적 또는 인과적 형태로 조직되어야 한다면, 그 이론에 관련된 명제들을 검증하는 동안 그 이론과는 관련 없는 많은 수의 명제들조차 검증하게 되므로 비효율적일 것이다. 그 이론으로부터 도출된 하나 또는 몇 가지의 명제에 대한 철저한 검증은 그 이론들을 변화시키거나 거부하는 데 필요한 모든 정보를 제공할 수 있다. 나아가 앞에서 언급한 것처럼, 그 이론은 상호 통합된 진술들의 체계이기 때문에 그 체계 내의 모든 진술에 대한 확신은 어떤 하나의 진술에 대한 검증에 의해 영향을 받는다. 그 이론의 모든 진술들을 동시에 검증하기 위해 계획된 하나의 대규모적 연구 프로젝트를 수행하기보다는 차라리 몇 개로 구성된 보다 소규모의 연구 프로젝트를 하는 것이 좋으며 각각의 프로젝트가 완성되면 그 이론은 개정되고 개선되며 그런 다음에 다음의 프로젝트에서 재검증될 수 있다. 그러므로 어떤 전략이 보다 경제적이냐 하는 것은 과학적 지식이 어떻게 조직되어야 하는가에 관한 개념에 따라 다르다.

마지막으로, 자연과학과 사회과학에서 큰 진전을 가져온 사람들이 이들 전략 중 어떤 것을 사용하여 왔는가를 알아보는 것도 가능하다. 어떠한 "과학적 혁명" 또는 쿤 패러다임도 그들의 연구에서 연구반영이론 또는 베이컨적 전략을 사용하는 과학자에 의해서는 개발되지 않았던 것으로 보인다. 이 말은 아마도 이 접근을 가장 가치 하락시키는 증거일 것이다. 비록 이것이 연구반영이론의 전략이 장래에 과학적 혁명을 가져오지 않는다는 것을 의미하지는 않을지라도 이것이 최소한 베이컨적 전략형태에서는 당연히 과소평가된다는 것을 제시한다.

요약하면, 과학적 지식이 "진정으로 존재하는" 자연의 형태를 반영하는 법칙체계로 조직되어야 한다고 간주한다면, 연구반영이론전략은 보다 효율적인 연구를 제공한다. 그러나 이 전략은 ① 최종적인 해결이 이루어지기 전까지는 근사한 답을 제공하지 못할 것이며, 그래서 ② 법칙체계형의 이론이 갖는 결점을 내포한다. 반면에, 과학자들이 실제 세계에 대한 설명을 고안한 다음 그들의 고안(품)에 대한 유용성을 검증하는 것이라면, 이론반영연구전략은 ① 만일 공리적 또는 인과적 과정형태의 이론이 사용된다면 보다 효율적인 연구를 제공하며, 그래서 ② 점진적으로 개선되어 연구가 계속됨에 따라서 보다 유용해지는 어떤 종류의 조직화된 과학적 지식을 제공한다.

여기에서 하나의 문제가 제기된다. 이론반영연구의 접근이 갖는 중요한 문제는 어떻게 최초의 아이디어를 포착하는가이고, 그리고 연구반영이론의 전략을 사용하는 과학자에 의해서는 어떤 중요한 패러다임이 개발되지 않았다면 과학적 혁명은 어떻게 일어나는가이다. 다음 절에서는 이러한 이슈를 검토할 것이다. 이들 두 가지 전략의 가장 유용한 요소를 결합시키는 시도로서의 종합적인 접근인 세 번째 전략에 대한 설명이 필요하다.

4. 새로운 아이디어의 포착

새로운 아이디어의 특성은 무엇인가? 이에 대해서는 다음과 같은
두 가지를 생각할 수 있다.

① 가설적(상상적)이든 또는 경험적 참조물(empirical referents, 조작적
정의를 통해 측정될 수 있는)을 갖는 것이든, 이론의 부분으로 사용
될 수 있는 새로운 이론적 개념의 고안(invention). <그림 7-2>에서
이것은 그림을 새로운 조각들로 나누는 것과 동일하다.
② "오래된" 이론적 개념들 간의 인과적 관계성, "오래된" 것과 "새로
운" 이론적 개념들 간의 인과적 관계성을 조직하는 새로운 방법의
제시. 비유를 들자면, 이것은 퍼즐의 조각들을 하나의 새로운 방법으
로 통합하는 것과 같다.

하나의 "새로운 아이디어" 또는 패러다임은 이들 특성 중 하나 또는
두 가지를 결합시킬 수 있으나 "창조적"이라고 간주되는 대부분의 활
동들에서는 최소한 한 가지는 존재하는 것처럼 보인다.

이 절에서는 과학에서 새로운 아이디어들이 발생되는 데 개재하는
조건들을 검토함으로써, "새로운 아이디어는 어떻게 포착되는가?"라
는 문제에 대한 답을 내리고자 한다. 이러한 조건들을 과학철학의 내
용, 특히 Kuhn(1962)의 설명으로부터 밝혀진 것으로, 약간의 수정을
통해 시안적(tentative) 목록으로 제안된다.

첫째, 가장 중요한 것으로, 특히 어떤 새로운 개념의 "고안"에 포함
된다면, 언제나 새로운 아이디어에 대해 한 사람은 책임이 있다. 어떤
집단의 노력으로 아이디어들을 명백하게 의사소통하는 필요성을 고려
할 때 그것이 새롭지만 의사소통이 될 수 없는 개념의 개발을 막아 준

다고 믿는 데는 이유가 있다. 진정으로 어떤 새로운 개념도 현존의 어휘들로는 쉽게 기술되지 않을 것이며, 그래서 그것들이 발전함에 따라 아이디어들을 논하는 데 있어서의 필수조건들이 새롭고 의사소통이 안되는 개념의 개발을 방지할 수 있다(Reynolds, 1968). 과학이 진보하기 위해서는 헌신적인 많은 수의 사람들이 필요하다는 것은 명백할지라도, 대부분의 중요한 패러다임들은 Kuhn 등과 같이 단지 활동적인 한 사람의 노력에 힘입었음을 알 수 있다.

둘째, 새로운 아이디어를 개발할 책임이 있는 사람들은 언제나 보통 이상으로 아주 총명하다. 그러나 그들이 과학적 문헌에서조차도 종종 묘사되는 그러한 천재(surperbrain)는 아니다. 그들이 인간 컴퓨터가 아니라는 사실을 깨닫기 위해서 일상적인 접촉을 할 필요가 있다. 그러나 그들은 분명히 다른 중요한 특성을 갖고 있다.

셋째, 이러한 명석하고 유별한 사람들은 좋은(good) 아이디어가 무엇인지에 관한 명확하고 분명한 이해를 한다. 그들은 아마도 직관적으로 "좋은 아이디어"와 "나쁜 아이디어" 간의 차이를 구별할 줄 안다. 이것이 그들로 하여금 그들 자신의 활동을 안내하도록 해 주며 불필요한 행위에 들이는 시간을 줄이도록 도움을 준다. 간단히 말해서 그들은 가능성이 좋은 아이디어를 고안할 때를 알고 있다.

넷째, 그들은 자신들이 연구하고 있는 현상에 관련된 기존의 중요한 아이디어와 이론들에 대한 철저한 지식을 갖고 있다. 이것이 비록 그들의 노력에 앞서 진행되어 온 모든 연구에 대한 완전한 역사와 구체적인 내용에 대한 지식일 수는 없을지라도, 그들은 그 현상에 대해 현재 인정되고 있는 아이디어와 미래전망을 이해한다. 이것이 사실이 아니라면 그들은 그들이 새로운 아이디어를 발견했거나 고안했는지를 이해할 방법이 없었을 것이다. 간단히 말해서 그들은 하나의 좋은 아이디어가 새로운 아이디어로 인정되는 때를 안다.

다섯째, 그들은 현재 과학적 세계에서 현상에 대한 설명체로 받아들여지고 있는 기존의 패러다임, 이론 또는 아이디어들에 대하여 독창성이 없이 헌신하지는 않는다. **Kuhn(1962)**은 자연과학에서 새로운 패러다임들을 만들어 내는 데 책임이 있는 사람들은 젊은 사람들이거나 또는 그 분야에 들어온 지 얼마 안되는 노장들이라고 지적한다. 이 말은 기존의 견해에 대한 헌신의 결여를 의미한다.

여섯째, 그들은 어떠한 방법으로든지 그 현상에 아주 밀접히 관련되어 있다. 이 말은 경험적 연구를 통하여 현존하는 이론들의 어떤 측면을 잘 고치거나 또는 다른 사람들이 만들어 놓은 이론적 아이디어들 중 어떤 것을 통합 또는 개선하려는 시도로서 기존의 패러다임 또는 이론들을 특정자료의 체계에 적용하려는 시도를 말한다. 그러나 그 노력이 무엇이냐에 관계없이, 전반적인 이미지는 무엇이 유용한 아이디어인가를 알고 있으며, 자기가 연구하고 있는 영역에 관한 기존의 이론에 관하여 잘 알고 있으며, 기존의 이론의 아무것에나 신뢰를 두지 않고 그래서 이론들과 그 현상 두 가지를 면밀히 알고 있는 지적인 사람이다. 아마도 이런 사람들은 계속적으로 이들 이론에 대한 자기 자신의 확신을 평가함으로써, 경험적 자료를 기존 이론들에 비추어 조직·통합·설명하기 때문에, 그들은 기존이론과 자료 간의 결합(fit)에 대하여 불만족함을 알고서 그 현상을 지각하고 설명하는 새로운 방법을 개발한다. 그 결과가 바로 그 사람이 기존의 과학적 언어(scientific language)로 전환시키고 동료들에게 보급해야 할 하나의 새로운 아이디어이다.

새로운 아이디어들이 개발되는 이러한 전형적인 상황은 완벽하게 정확할 수는 없으나 이것은 확실히 앞에서 논의한 두 가지 과학적 전략에서 제시된 상반되는 전형과는 차이가 있다. 연구반영이론전략은 사람의 이미지를 대규모 용량의 컴퓨터와 같이 자료를 수집하고 분석하며 결국에는 과학적 "법칙"이 되는 자료의 형태를 서서히 발견하는 것으로 표현한다. 이론반영연구전략은 사람의 이미지를 연구하는 데 있어서 멍하니 있다가(dreaming away) 최후에 가서 명료하고 내용이 충실한 이론을 개발하여 그 다음에 검증하고 정리하기 시작하는 것으로 표현한다. 이 두 가지는 모두 새로운 아이디어들 또는 과학적 활동이 실제적으로 어떻게 일어나는가에 관한 정확한 묘사가 아니다.

관찰된 이 두 가지 연구전략 모두가 과학에서 새로운 아이디어들을 개발하는 과정을 표현하는 것 같지 않다는 사실은 두 가지 절차의 어떤 결합이 바람직하다는 것을 암시한다.

5. 종합적 접근

연구반영이론전략은 목적에 유용하지 못한 자료를 수집하는 데 상당한 노력을 허비할 수 있다는 결점이 있으나 이론들을 고안하는 데 유용한 어떤 정보를 제공할 수 있다. 이론반영연구전략은 어떤 이론의 첫 시도의 토대가 되는 최초의 정보를 가질 수 없다는 결점이 있으나 몇 개의 주요한 가설에 관련된 정보만을 수집할 때 보다 효율적이다. 이들 두 가지 전략을 종합하면 보다 효율적이고 전반적인 절차를 제공할 수 있고 동시에 과학적 지식을 구축하는 데서 실제적으로 발생하는 과정에 대한 보다 정확한 설명을 제공한다.

종합적 접근은 과학적 활동을 다음과 같이 세 단계로 나눈다.

① 탐구적(exploratory): 어떤 현상과 관련하여 조사자로 하여금 형세를

파악하도록(look around) 계획된 연구이다. 연구자는 제안적인(sugg-estive) 아이디어들을 개발하는 노력을 기울여야 하며 연구는 가능한 한 융통성이 있어야 한다. 가능하다면 1단계에서의 연구활동에 사용되도록 절차들에 대한 안내를 제공하는 방식으로 연구가 수행되어야 한다.

② 기술적(descriptive): 이 단계에서의 목적은 탐구적 단계의 연구에서 미심쩍었던 형태들에 대한 세심한 기술을 개발하는 것이다. 이 목적은 상호공통적인 기술, 예를 들어 경험적인 일반화를 개발하는 것으로 간주될 수 있다. 일단 경험적 일반화가 개발된다면 이는 설명을 할 가치가 있는 것으로 즉 이론의 개발로 간주된다.

③ 설명적(explanatory): 이 단계는 단계 ②로부터 전개되는 경험적 일반화를 설명하는 데 사용될 수 있는 명백한 이론을 개발하는 것이 목적이다. 이것은

a. 이론구성(theory construction).

b. 경험적 연구가 거짓임을 증명하는 시도로서의 이론검증(theory testing).

c. 단계 ③으로 되돌아가는 이론의 재형성(theory reformulation)이라는 연속적인 순환과정을 밟는다.

이러한 절차는 설명적 단계에서의 자료수집이 최종적인 답으로 생각되는 것이 아니라 융통성 있는 연구 설계를 활용하는 설명적인 연구로 인식된다는 점에서 연구반영이론의 접근과는 다르다. 이는 어떤 절차에서 자료수집에 영향을 주기 위해 예상된 통찰이다. 이 전략은, 유용한 연구란 그 현상에 대해 어느 정도 알지 못하고서는 고안되기 어렵고 유용한 연구는 탐구적 단계와 기술적 단계 동안에 얻어질 수 있다는 것을 가정한다는 점에서 엄격한 이론반영연구의 접근과는 차이가 있다. 어떤 점에서 이것은 이론 구성은 힘들고 시간소비적 활동이며 진공 속에서 시도되어서는 안된다는 것을 의미하는 것이다.

이러한 절차는 앞에서 설명한 두 가지 절차의 장점을 갖는다고 볼

수 있다. 실제적인 연구 활동을 연구의 단계에 비추어 설명하면, 활발하고 정교한 측정은 상당히 무용한 자료를 수집하는 탐구적 단계에서는 열성적이고 정교한 측정이 적용될 수 없을 것이다. 검증을 위해서 가치로운 가설을 도출할 때인 이론구성 동안에 철저한 검토를 거칠 수 있다. 마지막으로 이러한 새로운 아이디어들 또는 패러다임을 창조하는 데 개입되는 어렵고 미묘한 활동을 하도록 해 준다. 이러한 단계를 통해 새로운 패러다임을 개발하고자 시도하는 사람은 그의 다양한 사고단계를 적절한 연구과정의 단계와 잘 결합시킬 수가 있다. 연구반영이론부분에서 이미 설명한 기계적인 절차의 어떤 것들－가령, 요인분석, 잠재적 구조분석, 그리고 척도화와 측정모델의 적용－은 복잡한 접근 중 탐구적 단계와 어울린다. 그것들은 많은 양의 자료를 분석하고 이 전략의 기술적인 단계, 나아가 이론구성의 단계 동안에 더 주의를 기울일 가치가 있는 형태들이 있는가를 결정하기 위한 유용한 장치가 된다.

　요약하면, 탐구적, 기술적, 그리고 이론구성의 단계로 구성된 이러한 복합적 전략은 연구반영이론과 이론반영연구전략의 장점을 결합하는 것으로 보인다. 최초의 연구는 기술적인 연구에 의해 확립될 수 있는 제안적인 형태들을 제공하기 위한 시도 속에서 수행된다. 일단 경험적 일반화가 확립되면 이러한 규칙성을 설명하기 위해 어떤 이론이 구성될 수 있다. 자료를 통해 연구를 추구함으로써 법칙들을 발견하기를 기대하는 많은 정보를 수집하는 데 자원이 소비되지 않는다. 이론들이 고안되고 나서 유용한 최초의 이론의 개발에 도움이 될 수 있는 현상에 관한 정보가 존재한다. 마지막으로 검증될 이론이 준비될 때 그 현상에 관한 연구를 수행하는 데 있어서의 경험의 문제는 경험적 설계와 이론의 정교한 비교를 하도록 한다.

6. 연구방법

현재 사회과학에는 세 가지 기본적인 연구활동의 형태가 있다.

① 개인적 관찰: 연구자가 자연적인 상황에서 어떤 사회적인 현상을 직접적으로 관찰하고 이 관찰에 대한 정확하고 편견이 개재되지 않는 기록을 제공하려 시도한다.
② 조사: 집합적인 사람 또는 사회적 체제를 어떤 개별적인 특성들(연령, 수입, 직업, 사물에 대한 태도 등)의 관점에서 측정한다. 전체적인 집합이 측정될 수 없다면 보다 소규모의 집단이 보다 대규모의 집단을 설명하기 위해 선택된다.
③ 실험: (개인적 또는 사회적) 현상이 통제된 상황에서 재생산되며 그런 다음에 종종 자연적인 상황 속에서 수집될 수 없었던 측정이 그 현상으로 구성된다.

이러한 형태의 절차를 나열하는 이유는 연구의 세 단계(탐구적, 기술적, 그리고 설명적)와 세 가지 형태의 연구활동(관찰, 조사, 그리고 실험) 간에는 직접적인 일관성이 있어야 할 논리적 이유가 없다는 것을 강조하는 것이다. 비록, 부분적으로는 연구자의 관심과 관련된, 두 가지 유형론 간의 대략적인 상관은 있을지라도 어떤 의미에서 필수적인 상관은 없다는 것이다.

예를 들어, 실험적 또는 고도로 통제된 상황 속에서의 많은 연구들은 자연에 대한 탐구적 단계가 되어 왔다. 통제된 상황은 ① 자연적 상황에서는 이루어질 수 없었던 어떤 형태의 측정이 가능하도록 해 주며, ② 자연적 상황에서는 다른 과정들과 뒤섞여 혼동된 어떤 과정 또는 현상을 고립시키는 데 사용된다. 이것이 대면집단에서의 상호작용에 관한 그의 초기연구에서 나타난 **Bales**(1951)의 전략이었다. 그는 고도로 통제된 실험실 상황을 사용하여 자연적 상황에서 불가능한 대면집단의 토의에서 언어적 논평을 주도한 사람과 주의집중이 된 사람에 대한 정확한 기록을 얻을 수 있었다. 비록 실험적 연구가 흔히 구체적인 연구문제를 해결하거나 구체적인 가설들을 검증하기 위해서 통제된 상황에서 수행될지라도 이것이 단지 실험실 상황에서만 이용된다고 가정하는 것은 정당성이 없다.

마찬가지로, 조사연구는 과정의 모든 단계−이론들을 위한 아이디어의 근원으로서, 현상에 대한 설명으로서, 또는 이론적으로 도출된 진술들의 검증으로서−에서 사용될 수 있다.5) 그러나 가장 일반적인 조사절차의 활용은 사람들의 집합 혹은 개인 체제의 특성들을 기술하기 위한 것이라고 제시하는 것이 정확하다. 이것은 특히 시장조사(연구), 정치적 태도 등과 같은, 과학적 문제라기보다는 차라리 실제적 문제에 답하기 위해 계획된, 실제적 연구와 관련하여 그렇다. 직접적인 관찰은 탐구적 연구에 가장 적절한 것으로 보이나 조사 또는 실험적 절차로 연구될 수 없는 많은 현상이 있을 수 있다. 이것은 특히 그 현상이 독특해서 조사기법의 사용을 허용하는 충분한 다른 사례가 없고 그 현상이 실험자에 의해 통제될 수 없는 경우이다. 과학자들로 하여금 그것들을 직접적으로 연구하도록 아주 중요하게 간주되는 어떤 사회적 과정−가령 대통령 후보와 그의 선거 운동원 또는 대법원 판례들 간의 결정과정의 관계성−은 이 영역에 또한 해당될 수 있다.

어떤 연구 활동−탐구적, 기술적, 또는 설명적−을 평가하는 데 있어서 중요한 것은 그것과 과학적 지식을 구축하는 과정과의 관계성이다. 본질적으로 어떠한 연구절차도 "나쁘다거나" "비과학적인"것은 아

---

5) "행로분석" 기법은 조사자료를 통해 인과적 과정모델을 검증하도록 해 준다 (Borgatta와 Bohrnstedt. 1969).

니다. 다시 말해서 나쁘다거나 비과학적일 수 있는 것은 이론구성에서 그 연구가 수행되거나 활용되는 방법의 문제이다. 많은 사회과학자들이 과학적 지식에 공헌하는 그들의 능력과는 무관일 수 있는 그들이 추구하는 연구형태의 관점에서 분류되거나 평가되는 것은 서글픈 일이다.

7. 결 론

이 장에서 여러 가지 중요한 점들이 지적되었다. 첫째로 제시한 것은 이론이란 "발견되어야 할 진정한 참"이라기보다는 차라리 "자연에 관한 고안(invented)된 기술"이라고 가정하는 것이 보다 효율적일 수 있다는 점이다. 둘째, 비록 새로운 아이디어 개발의 과정을 결정하는 것이 어려운 문제일지라도 베이컨적 또는 연구반영이론전략을 사용해서 아이디어들이 개발되지 않는다는 것만은 확실하다. 셋째, 연구활동은 종합적 전략의 세 단계(탐구적, 기술적, 또는 설명적)에 대한 그것의 적절성의 측면에서 평가되어야 한다.

이 장에서의 이러한 제안과 논의는 연구의 목적이 과학적 지식의 개발인 한에서는 아주 적절하다. 흔히, 연구는 사회적 문제의 해결과 같은 어떤 직접적인 실제적 목적을 성취하는 수단, 또는 선전이나 정치 캠페인을 개선하기 위해 계획된 태도와 같은 사회적 현상에 대한 직접적인 효과를 성취하는 수단으로 수행된다. 그러한 프로젝트를 위해서는, 이 장에서 제시된 접근은 부적절할 것이며 그래서 연구반영이론전략의 변형은 가장 경제적일 것이다.

8. 결 론

1. 사회과학의 가능성

이 책에 반영된 철학은 몇 가지 기본적인 가정에 근거한다.

① 과학적 지식은 결코 해결될 수 없는 물음인 왜 "사물"이 존재하는가
   를 설명할 수는 없으나, 왜 하나의 사건이 다른 관계를 맺는가―하
   나의 "사물"이 어떻게 다른 "사물"에 영향을 미치는가―를 설명할
   수 있다.
② 과학적 지식은 과학자들의 세계에서, 과학의 목적에 유용한 것으로
   채택되는 아이디어들―다음과 같은 것을 제공하는 아이디어들―의
   체계이다.
   a. 분류체계 또는 유형론.
   b. 논리적 설명과 예측.
   c. 원인이해력.
   d. 현상에 대한 통제력.
③ 어떤 실제적인 진술("자연" 현상을 언급하는)이 절대적 "진"임을 증
   명하기는 불가능할지라도 과학자들에게 있어서 미래의 사건을 예측
   하는 것을 포함하여 과학의 목적을 위해 주어진 진술이 "유용하다"
   는 높은 정도의 확신을 갖는 것은 가능한 일이다. 만일 추상적인 아
   이디어가 구체적인 경험적 연구의 결과와 일치한다면 그러한 확신은
   항상 증가된다.
④ 궁극적인 형태로서의 과학적 지식은 아마도 모든 것을 설명하는 하
   나의 "大理論(grand theory)"이기보다는 하나의 상호 관련된 인간적
   과정의 체계이다.
⑤ 새로운 패러다임이 경험적으로 검증 가능하고 과학적으로 유용하도
   록 한 세부적 지식과 정확한 설명을 제공하기 위해서는 지성적인 사
   람들의 상당한 노력이 요구될지라도 새로운 인과적 과정의 토대를
   제공하는 그러한 패러다임들은 과학의 중대한 진보를 가져온다.

이러한 가정에서 볼 때 과학적 활동에 관련된 다음과 같은 일반적인
제안이 도출되어 왔다.

① 잠재적인 과학적 지식으로 제안되는 아이디어—예를 들면 과학자들의 세계에서 승인되는 아이디어—는 추상적인 형태일지라도 가능한 한 분명하고 명확해야 한다.

   a. 모든 개념들은 분명하게 정의되어야 하며, 가능하다면 양화의 수준은 명확해야 한다.

   b. 진술 속의 개념들 간의 관계성은 명확해야 하며 단언적이든 개연적이든 간에 인과적 진술과 연합진술들을 분리하기 위해 인과적 관계성의 방향에 기울여야 한다.

간단히 말해서 어떤 과학적 아이디어에 대한 이상적인 기술은 그 아이디어가 잘못된 경우를 쉽게 알아보도록 해야 한다. 확실히 제시된 아이디어들은 가설을 검증하기가 가장 쉽다.

② 이론들 또는 진술들의 체계는 원인이해력을 제공하지 못하는 공리적 또는 법칙체계형이라기보다는 과학의 모든 목적을 달성하는 인과적 과정형태로 개발되어야 한다.

③ 과학적 지식의 개발은 시행착오의 과정에 의해 촉진될 수 있다. 즉 이론을 고안하고 나서 충분한 경험적 검증에 의해 지지되지 않을 때는 수정 또는 폐지된다. 그 결과로 나타나는 이론들을 과학의 목적에 보다 진보적으로 아주 유용하게 된다.

이 장의 나머지 부분에서는 사회현상과 인간현상에 관련된 과학적 지식을 개발하는 가능성에 영향을 미치는 몇 가지 문제들에 초점을 둘 것이다.

1. 사회과학의 가능성

사회적·인간적 현상에 관련된 과학적 지식체계를 개발할 수 있느나 없느냐를 고려하는 데는 두 가지 형태의 문제, 즉 사회현상의 특수한 성격, 사회과학자들의 특수한 성격에 대해 논할 가치가 있다.

첫째, 과학적 지식을 인과과정체계로 간주한다면 사회현상과 인간현상에 관계된 과학적 지식체계는 물리적 현상에 관한 과학적 지식체계보다 더 많은 상호 관련된 과정을 포함할 것이다. 가장 단순한 사회적·인간적 현상들조차도, 물리적 체계보다는 생물체계와 마찬가지로, 일단의 정교하고 상호 관련된 과정을 포함한다. 그러나 과정의 복잡성에도 불구하고 그 절차는 명확하다—중요한 인과적 과정을 확인하고 기술하고 나아가 그들의 상호관계성을 결정해 준다.

둘째, 보다 중요한 것은 측정의 문제이다. 가장 유용하고 고도로 치밀하게 개발된 사회적 현상과 인간적 현상에 관한 많은 이론들 중 어떤 것들은 사건을 예측하고 또는 설명하는 데 사용될 수 없다(그리고 경험적으로 검증될 수 없다). 왜냐하면 구체적인 상황 속에서 그것들의 존재나 발생을 확인할 수 없기 때문이다(즉 측정될 수도 없기 때문이다). 이 책에 반영된 전략은 추상적인 개념을 고안한 다음 구체적인 상황 속에서 그 개념의 예(instance)를 측정하는 방법을 개발하고자 시도하는 것이다. 연구반영이론 접근의 변형으로서의 또 다른 전략은 근본적인 차원이 무엇이며 측정될 수 있는 "사물"이 무엇인가를 결정한 다음에, 이러한 측정을 할 수 있는 개념들에 대한 이론들을 정립하는 것이다(Torgenson, 1958 참조). 현재, 어떤 전략도 확실한 승리자가 되지 못하였으며 유용한 이론적 개념들의 상호공통적인 측정을 어떻게 성취할 것인가 하는 문제는 여전히 남아 있다.

셋째, 사회현상과 인간형상은 두 가지 측면에서 문제에 부딪친다. 첫째로 그 현상을 관찰하고 측정하는 것은 그 현상 자체에 영향을 미칠 수 있다(자신이 사진을 찍고 있다고 의식하고 있는 어떤 사람에게 카메라의 초점을 맞추는 것처럼). 이러한 효과는 자연과학이나 사회과학 모두에서 잘 알려진 것이며, 따라서 중요한 문제는 이것이 그 현상에 얼마만큼의 영향을 미치는가를 결정하는 것이다. 사회적 연구에서의 한 가지 해결책은 그 현상을 중립적으로 측정하려고 시도해서 개인들이 자신이 관찰되고 있다는 것을 지각하지 못하도록 하는 것이다 (Webb *et al.*, 1966).

또한 사회적 현상과 인간적 현상은 비록 그 연구가 부분적으로는 무의식적인 과정을 조사하고 생리적인 변인을 포함하거나 또는 사회체제의 어떠한 구성원들도 관찰하기 힘든 사회과정일지라도, "정말로 얻어진 것"이 무엇인가에 대해 사회과학자에게 이의를 제기함으로써 문제가 생긴다. 사회과학자가 자신의 분석과 설명을 제시했는데 이것이 "일반적"인 설명과 일치하지 않으면, 그는 아마도 저항에 부딪치고 종종 비난을 받는다. 이러한 것은 다른 과학에서는 흔한 것이 아니다. 다시 말해서 의사들이 버린 찰과상에 대한 설명에 논쟁을 거는 사람은 거의 없다. 아마도 사회과학이 보다 종합적이고 정밀해짐에 따라 이러한 현상은 덜 자주 발생할 것이다.

사회적·인간적 현상에 관련된 과학적 지식체계를 계발하는 데 있어서의 네 번째 문제는 객관적 또는 "탈가치적" 지향을 유지하는 문제이다. 이상적으로 과학적 지식의 계발에 영향을 미치는 결정은 단지 과학의 목적—원인이해력—을 달성하려는 욕망을 반영한다. 그러나 과학자가 정직하고 객관적으로 시도하려 할 때조차도 한 개인의 결정과 지각은 다양한 미묘하고 체계적이며 무의식적인 과정에 의해 무의식적으로 영향을 받는다. 예를 들어 무엇이 "좋고" "나쁜가"에 관한 편견을 갖지 않은 채 전형화(stereotyping)와 편견에 관계되는 과정을 연구한다는 것은 어려운 일이다. 완벽한 객관적 또는 탈가치적인 사회과학연구의 전형은 획득될 수 없기 때문에, 사회과학자들에게 다른 사람들이 그들의 연구를 평가하도록 하기 위한 자신의 편견에 대해 공개적이고 명백하도록 기대하는 것이 불가능하지는 않다.

생물학과 의학은 공통된 것으로서, 마지막 문제는 물리적 현상에 관한 연구에서는 발생하지 않는 인간에 관한 연구를 수행하는 데 있어서의 윤리적인 것이다. 인간에 관한 연구를 수행할 때, 인간이 실험자가 되어야 한다는 위험과 측정에 관련된 윤리적 제약이 있다. 다른 변인에 대한(인간특성의) 영향력을 검토하기 위해 인간특성이 변경될 수 있는 실험연구에서는 일시적이든 또는 영구적이든 어떤 변화의 가능성은 극소화되어야 한다. 즉 피험자는 실험에서 어떤 위험이 있는지를 완전히 알아야 하며, 피험자에게 그 연구에 참여하기를 거부할 수 있는 자유재량이 주어져야 한다. 조사연구 또는 참여관찰과 같은 자연적 상황의 연구에서는 반응자나 참여자에게 사생활 또는 개인의 비밀이 보장되어야 한다. 어떤 현상은 윤리적 문제 때문에 사회과학자들이 연구하기에 불가능하거나 어렵다고 아예 결론을 맺는 것도 합리적이다. 다행히도 윤리적인 문제를 야기하는 현상은 모든 사회적·인간적 현상 중 적은 비율을 차지한다.

요약하면, 사회적 인간적 현상을 다루는 데 있어서는, 본질적인 토대를 갖는 과학적 지식체계를 계발하는 데 어려움을 증가시키는 다섯 가지 문제가 있다. 즉 ① 의미상 차이가 어렵고 상호 관련된 과정들이 많다는 점, ② 추상적인 개념들의 상호공통적인 측정의 문제, ③ 관찰 중에 있는 여러 사회적·개인적 현상의 변화와 사회과학자들의 해석과 설명에 대한 비전문인의 저항 경향성, ④ 사회현상 특히 민감한 주제와 관련된 현상을 다루는 데 있어서 성취해야 할 완벽한 객관성의 어려움, ⑤ 어떤 형태의 연구절차의 사용을 방해하거나 보다 비용이 많이 드는 대안을 필요로 하는 윤리적 문제이다. 이러한 많은 문제들은 물리적 또는 화학적 과정과 같은 다른 형태의 현상에 대한 연구에서는 나타나지 않으며 인간의 생리적 과정과 같은 형태의 현상의 연구에서는 몇 가지 문제만이 나타나기도 한다.

그러나 이러한 많은 문제들에도 불구하고 사회적·인간적 현상에 관한 과학적 지식 체계의 개발을 위협하는 중요한 요인은 사회과학자들 그 자체의 특성—이론적 문헌에서 명료성의 결여이며 과학적 지식의 내용이 무엇이어야 하는가와 어떻게 창출되는가에 대한 무지이다.

사회과학자들의 저술(문화인류학, 정치학, 심리학, 그리고 사회학)에 대해 쓰여진 것들의 대개가 과학적 지식체계의 가장 기본적인 기준을 충족시키지 못함이 명백하다. 사실 많은 사회과학의 저서들은 점성학적 예측 또는 정치적 웅변의 명료성과 정확성을 갖는다. 그러나 어떤 과정이 기술되고 있는가를 결정하기가 힘들고 다양한 과정 또는 요소들의 상대적인 영향력이 모호하며, 예측의 본질이 "자동방루식"이다.1) 간단히 말해서 많은 사회과학이론이 아주 애매하여서 논리적 예측 또는 설명을 제공할 수 없으며, 경험적으로 증명될 수 없고 결코 입증될 수도 없다.

이 저서의 다른 특징에 덧붙여, 이 요소는 많은 사회과학자는 과학적 지식이 어떤 내용이어야 하거나 그러한 지식체계가 계발되는 데 그들이 어떻게 도움이 될 수 있는가에 대한 명확한 이해를 하지 못한다. 이 책은 입문 수준에서 이러한 이슈 중 몇 가지를 탐색해 보고 사회적·인간적 현상들에 관련된 과학적 지식체계의 계발에 유용한 안내서를 제공하려는 하나의 시도이다.

이 현상에 대한 과학적 연구를 하는 어려움과 사회과학자들의 부족이라는 이 두 가지 문제가 주어진다면 사회과학에는 어떤 희망이 있는가? 이러한 문제에 대해서는 두 가지 반응양식이 있다. 첫째는 직접적으로 과학적 지식의 모든 기준을 충족시키고 있는 저서들이 속속 출간될 뿐만 아니라 현행 많은 사회과학의 연구들이 "과학적 형태"를 갖출

---

1) 이 구절은 Robert Nisbert(1968, p.989)에서 인용.

수 있다. 이러한 두 가지 사실은 이 현상에 본질적인 문제들이 그 자체로서 극복될 수 없는 것이 아니며 사회적·인간적 현상에 관심을 갖고 있는 많은 사람들이 그것들을 과학적인 방식으로 취급할 수 있음을 암시하는 것이다.

　"사회과학은 가능성이 있는가"라는 이 문제에 대한 두 번째 반응양식은 대안책을 고려하는 것이다. 그 대안책은 사회적·인간적 현상의 설명을 위해 그리고 개인적이든 사회적 체제이든 인간에게 영향을 주는 결정을 내리는 토대로서 민담의 지혜·판결·일반상식 등에 계속적으로 의존하는 것이다. 현상에 대한 설명으로서의 상식의 부적절성은 명백해져야 하며(상호 합의적이 아닌), 의사결정 토대로서의 상식의 불가능성은 반복적으로 설명되어 왔다. 우리는 사회과학을 더 잘 연구할 수 있고 이것은 조장되어야 한다.2)

　결론적으로, 사회적·인간적 현상에 관련된 과학적 지식체계를 계발하는 목적은 사회인간현상에 본질적인 몇 가지 문제들로 인해 복잡하게 되며 사회과학자들이 아직껏 "이상적인" 과학자가 아님은 명백하다(그러나 사회과학자들이 물리과학자 또는 자연과학자들보다 더 모호하고 편견이 심하다는 것은 명백하지 않다.). 그러나 비록 그 형태는 종종 잘못될지라도, 사회과학을 계발하는 데 있어서 이루어진

---

2) 단지 사회과학이 사회를 통치하는 데 어떻게 효과적으로 활용될 수 있는가의 문제는 사회과학자들이 최근에 이르러 진지하게 취급하여 왔기 때문에, 사회에의 유익이라는 관점에서 사회과학자들의 전문지식을 활용하는 가장 효과적인 절차가 무엇인가에 대해서는 아직 명확하지 않다. 그들이 어떤 프로그램을 수행하는 "기술인"으로서 또는 미리 정의된 사회문제에 대한 해결책을 제시하는 데 도움이 되는 "문제해결사"로서 도움을 주어온 것만은 명백하다. 그러나 사회과학자들이 국가정책을 결정하는 데 도움이 되고 그럼으로써 프로그램이 수행되도록 정의하거나 사회문제를 해결하는 데 어떻게 보다 기본적인 수준에서 기여할 수 있는가는 결정되어 왔다. 국립학술원(National Academy of Sciences)과 사회과학연구 협의회(Social Science Research Council, 1969)가 공동으로 후원한 최근의 책은 사회과학 행동과학의 현 수준을 고찰하고 그것들이 사회개선에 어떻게 사용되는가를 논한다.

목적인 진보와 사회과학자들의 과학적 자각의 증대 그리고 사회과학을 계발하는 대안들의 승인 불가능성 등을 고려하면, 사회적·인간적 현상에 관련된 과학적 지식 체계가 가능한 동시에 바람직하다고 생각하는 데는 이유가 있다.

부록: 연습문제

1. 논 평

제 이론의 구성, 검증, 그리고 적용에서 중요한 몇 가지 활동은 본질적으로 판단의 문제, 특히 추상적인 이론적 개념과 조작적 정의(구체적 상황에서 그 개념을 확인 또는 측정하기 위해 의도된)들 간의 관계성을 평가하고 인과적 과정이론과 경험적 일반화와 가설의 관계성을 검정하는 일이다.

이러한 이유로 해서, 다음의 과제들은 대학원생들이 이러한 형태의 판단의 문제를 연습하도록 하기 위해 계획되었다. 첫 번째 과제는 학생들이 경험적 연구와 추상적인 경험적 일반화의 관계성을 기술하도록 하는 것이다. 두 번째 과제는 이론에 관계되는 경험적 일반화 또는 가설을 설명하는 한편 자연적인 현상을 설명하기 위해 사용되는 이론을 기술하도록 하는 것이다. 답지의 페이지의 수를 제한함으로써 학생들이 사소한 문제를 파고들기보다는 본질적인 아이디어의 조직과 통합을 강조하도록 하게 될 것이다. 사실 이들 과제를 짧게 완성하는 일이 더 어렵다.

저자는 이들 과제를 실제과정(사회심리학개론)에서 성공적으로 사용하여, 학생들이 각각의 과제에 대한 여러 가지 영역의 주제를 파악하도록 요구하였다. 이 과제들은 2주 간격으로 부과되고 즉시 학생들에게 반송된다. 세 번째 과제에 의해 그 학생들은 높은 능력을 갖게 된다. 학생들은 처음의 과제보다 나중의 과제가 최종적인 성적을 결정하는 데 더 큰 비중을 두는 방식을 원한다. 과제들에 대한 평가 중 어떤 것들은 주관적이기 때문에 저자는 두 명의 평점자를 활용하는데 각각의 평점자는 모든 과제를 독자적으로 평점하고 나서 둘이서 각 과제에 대한 최종적인 성적을 결정한다. 비록 이것이 각 학생들에게 각 과제의 세 가지 사본을 제출하도록 요구할지라도 그들은 불만을 나타내지 않는 듯하다―그것들은 간단한 과제이고 세 부의 사본을 제출하는 이유를 학생들은 명확하게 알고 있다.

2. 과제 1: 경험적 일반화와 경험적 지지

이 과제의 목적은 경험적 연구가 경험적 일반화에 지지하는 정도를 평가하는 데 필요한 경험을 제공하려는 것이다. 당신은 추상적인 진술의 일 형태인 경험적 일반화와 최소한 하나의 경험적 연구의 결과를 기술하고 그 연구들이 경험적 일반화에 제공하는 지지를 평가하도록 요청받을 것이다.

당신은 이 과제를 하기 전에 이 책의 네 개 장을 우선 읽어야 한다. 이 과제는 다음과 같은 내용으로 조직되어야 한다.

① 경험적 일반화의 제시.
② 연구의 기술.
③ 연구들이 어떻게 경험적 일반화에 대한 지지를 제공하는가의 기술. 이는 경험적 일반화 속의 추상적 개념들을 측정하기 위한 조작적 정의의 적절성에 대한 논의를 제공해야 한다.
④ 자연적 현상에 관한 유용한 기술로서의 경험적 일반화의 평가, 이의 경험적 지지, 그리고 이에 대한 당신의 확신. 만일 당신이 진술된 경

험적 일반화에 대한 확신이 없다면 어떻게 경험적 일반화 또는 유용
한 진술로서의 경험적 일반화에 대한 당신의 확신감을 증가시키기
위해 적용 가능한 조건들을 변경시킬 것인가?‡

이 과제를 더블스페이스 타자로 완성하라.

3. 과제 2: 경험적 일반화의 설명

이 과제의 목적은 인과과정적 형태의 이론을 연습하는 경험을 제공
하는 것이다. 그러한 이론들은 독립변인(또는 개념)에서의 변화와 종
속변인(또는 개념)의 변화를 연결시키는 인과적 과정을 기술한다. 이
과제는 하나의 경험적 일반화와 경험적 일반화를 지지하는 하나의 경
험적 연구를 기술하고, 그 경험적 일반화에 의해 기술되는 형태를 설
명해야 한다. 이것은 그 인과과정을 추상적 용어로 기술한 다음 그 연
구가 수행되는 구체적인 상황에 특수한 구체적인 용어로 기술되어야
한다.

당신은 이 과제를 시도하기 전에 제5장을 통독해야 한다. 과제는 다
음과 같이 조직되어야 한다.

① 경험적 일반화의 기술.
② 추상적인 용어로 그 경험적 일반화를 설명하기 위해 사용될 수 있는
　 인과적 과정형태의 이론을 기술. 독자가 이해하지 못할지도 모르는
　 개념들을 명확히 한다.
③ 그 경험적 일반화와 일치된 하나의 경험적 연구의 결과를 기술하라.

④ 이미 추상적인 형태로 기술된 인과적 과정이 어떻게 해서 그 연구상
   황에서 발생되는가를 기술한다.
⑤ 자연현상에 대한 유용한 기술로서의 그 이론에 대한 당신의 확신을
   평가한다. 당신의 확신하는 이유와 그 이론의 유용성에 대한당신의
   확신감의 수준(높든 낮든)을 증대하기 위해 할 수 있는 변화를 명확
   히 논한다.

이 과제를 더블스페이스 타자로 완성하라.

4. 과제 3: 이론의 검증

이 과제의 목적은 이론의 유용성과 타당성이 어떻게 결정되는가를
예증하는 것이다. 당신은 하나의 공리적 또는 인과적 과정이론을 기술
하고 경험적 검증에 적절한 이론으로부터 하나의 가설을 도출한 다음
이 가설을 검증할 수 있는 연구 프로그램을 설계한다. 당신은 제6장을
완전히 이해해야 한다. 이 과제는 다음과 같이 조직되어야 한다.

① 모든 개념들이 확실히 이해되도록 어떤 공리적 또는 인과적 과정을
   기술한다.
② 경험적 검증을 위한 가설로서 이론으로부터 도출된 하나의 진술을
   선정한다.
③ 그 가설이 타당화 될 수 있는 연구절차를 기술한다. 그 추상적인 가
   설이 구체적인 사건과 어떻게 관련되는가, 즉 추상적인 개념과 조작
   적 정의 간의 관계성을 확실히 설명한다.
④ 연구의 결과가 그 가설(그리고 이론)과 일치할 경우와, 연구의 결과
   가 그 가설(그리고 이론)과 일치하지 않을 경우에 당신이 취해야 할

일을 제시한다. 당신의 목적은 당신이 확신할 수 있는 이론을 계발
하는 것임을 가정한다.

이 과제도 더블스페이스 타자로 완성하라. 다른 지시가 없으면 어떤
구체적인 통계절차는 논하지 말라. 당신은 이 과제를 준비하기 위해
Donald T. Campbell. "사회적 상황에서의 실험의 타당성에 관련된 요
인들" ≪Psychological Bulletin≫, 54: pp.297~312(Bobbs-Merrill Reprint
S-352) 또는 Hubert M. Blalock, Jr., ≪사회과학개론≫(Englewood Cliffs,
N. J.: Prentice-Hall, 1970; p.117)을 읽는 것이 좋다.

5. 과제 4: 자연현상에 대한 이론들의 적용

이 과제의 목적은 현상을 설명 또는 예측하기 위해 하나의 이론이
어떻게 사용되는가를 설명하는 것이다. 당신이 해야 할 과제는 하나의
자연적 현상, 실세계의 어떤 사건을 선정해서 이 사건을 하나의 개념
또는 변인이 다른 개념 또는 변인과 어떻게 관계되는가를 설명하는 것
임을 기억한다.
　당신은 이 과제를 수행하기 전에 제6장을 통독해야 한다. 이 과제는
다음과 같이 조직되어야 한다.

① 설명하고자 하는 "자연적 사건"을 구체적인 용어로 기술한다.
② 이 사건을 설명하기 위해 사용할 수 있는 두 개의 이론을 기술한다.
　 즉 각 이론 속에 모든 개념들이 명확히 기술되도록 한다.
③ 추상적 이론이 자연적 사건을 어떻게 설명하며 이와 관계되는가를

밝힌다. 추상적인 이론적 개념들이 구체적인 상황 속에서 실체가 밝혀지는 방법을 확실히 기술한다.

④ 이 현상을 설명하기 위한 유용성과, 이 현상에 대한 완전한 설명으로써 유용한 것으로서의 이들 두 가지 이론에 대한 당신의 확신감을 평가한다. 이 상황에 적용될 수 있는 다른 이론들이 있는가?

이 과제도 더블스페이스 타자로 완성하라.

참고문헌

Anderson, Theodore R., and Morris Zelditch, Jr., *A Basic Course in Statistics: With Sociological Applications*. 2nd ed. New York: Holt, Rinehart & Winston, 1968.

Bacon, Francis, *The Works of Francis Bacon: Novum Organum*. Vol. VIII. Translated by James Spidding *et al*. Cambridge. England: Riverside Press, 1863.

Bales, Robert Freed, *Interaction Process Analysis*. Reading, Mass.: Addison-Wesley, 1951.

Bales, Robert Freed, *Personality and Interpersonal Behavior*. New York: Holt. Rinehart & Winston. 1970.

Bales, Robert Freed and Philip E. Slater, "Role Differentiation in Small Decision-Making Groups." *in Family, Socialization, and Interaction Processes*. Edited by Talcott Parsons *et al*. Glencoe, III.: The Free Press, 1955.

Barber, Bemard. "The Resistance of Scientists to Scientific Discovery." *Science*(1961). 134: 596~602.

Barelson, Bernard and Gary A, Steiner, *Human Behavior. An inventory of Scientific Findings*. New York: Harcourt. Brace & World, 1964.

Berger, Joseph. and J. L. Snell, "On the Concept of Equal Exchange." *Behavional Science*(1957). 2: III~118.

Berger, Joseph, Bernard P. Cohen, J. Laurie Snell. and Morris Zelditch. Jr. *Types of Formalization in Small-Group Research*. Boston: Houghton Mifflin. 1962.

Blalock, Hubert M., Jr. *Theory Construction: From Verbal to Mathematical Formulation*. Englewood Cliffs. N.J.: Prentice-Hall, 1969.

Blalock, Hubert M., Jr.. *An Introduction to Social Research*. Englewood Cliffs. N. J.: Prentice-Hall. 1970.

Blum, Gerald S. *Psychodynamics: The Science of Unconscious Mental Forces.* Belmont. Calif.: Brooks/Cole. 1966.

Borgatta, Edgar F. and George W. Bohrnstedt. eds. *Sociological Methodology.* San Francisco. Calif.: Jossey-Bass. 1968.

Bridgman, P. W. *The Logic of Modern Physics.* New York: Macmillan. 1927.

Buckley, Walter. *Sociology and Modern Systems Theory.* Englewood Cliffs. N. J.: Prentice-Hall, 1967.

Burgess, Robert L. "An Experimental and Mathematical Analysis of Group Behavior within Restricted Networks." *Journal of Experimental Social Psychology*(1968). 4: 338~349.

Burgess, Robert L. and Don Bushell. Jr. *Behavioral Sociology: The Experimental Analysis of Social Process.* New York: Columbia University Press. 1969.

Costner, Herbert L. and Robert K. Leik. "Deductions from 'Axiomatic Theory.'" *American Sociological Review*(1964). 29: 819~835.

Edwards, Ward, Harold Lindman. and Leonard J. Savage. "Bayesian Statistical Inference for Paychological Research," *Psychological Review*(1963). 70: 193~242

Ehrlich, D., I. Guttman, P. Schonbach, and J. Mills. "Postdecision Exposure to Relevant Information." *Journal of Abnormal and Social Psychology*(1957). 54: 98~102.

Festinger, Leon. *A Theory of Cognitive Dissonance.* Stanford, Calif: Stanford University Press, 1957.

Fisher, Sir Ronald A. *Design of Experiments.* 8th ed. New York: Hafner, 1966.

Freeman, Linton C. *Elementary Applied Statistics: For Students in*

Behavioral Science. New York: John Wiley & Sons. 1965.

Hall, Calvin S., and Gardner Lindzey. *Theories of Personality*. New York: John Wiley & sons. 1957.

Hamblin, Robert L. "Ratio Measurement and Sociological Theory: A Critical Analysis." A report Presented at the 1966 Annual Meeting of the American Sociological Association in Miami. Fla. See also description by Robert L. Burgess. "An Experimental and Mathematical Analysis of Group Behavior within Restricted Networks." *Journal of Experimental Social Psychology*(1968). 4: 338~339.

Heider, Fritz. "Attitudes and Cognitive Organization." *Journal of Psychology*(1946). 21: 107~112.

Heider, Fritz.. *The Psychology of Interpersonal Relations*. New York: John Wiley & Sons, 1958.

Hempel, Carl G, *Fundamentals of Concept Formation in Empirical Science*. Chicago: University of Chicago Press. 1952.

Hempel, Carl G, and Paul Oppenheim. "Studies in the Logic of Explanation." *Philosophy of Science*(1948). 15: 135~175.

Henicke, Christoph and Robert F. Bales. "Developmental Trends in the Structure of Small Groups." *Sociometry*(1953). 16: 7~38.

Hilgard, Emest R. and Gordon H. Bower. *Theories of Learning*. 3rd ed. New York: Appleton-Cmtury-Crofts, 1966.

Homans, George Caspar. *Social Behavior: Its Elementary Forms*. New York: Harcourt. Brace & World, 1961.

Hopkins, Terence K. *The Exercise of Influence in Small Groups*. Totowa, N. J.: The Bedminster Press, 1964.

Kael, Pauline. "The Current Cinema." *The New Yorker*(February 14, 1970). p.117.

Kasl, Stanislav V. and Sidney Cobb, "Effects of Parental Status

Incongruence and Discrepancy on Physical and Mental Health of Adult Offspring." *Journal of Personality and Social Psychology*, (1967). 7(2), No.642: 1~15.

Kohler, Wolfgang. *Gestalt Psychology*. New York: Liveright. 1929.

Kuhn, Thomas S. *The Structure of Scientific Revolutions*. Chicago, Ill.: University of Chicago Press, 1962.

Lazarsfeld, Paul F. and Neil W. Henry. *Latent Structure Analysis*. Boston: Houghton Mifflin, 1968.

Lewin, Kurt. *Principles of Topological Psychology*. New York: McGraw-Hill, 1936.

Lewis, Donald J. "Partial Reinforcement: A Selective Review of the Literature Since 1950."*Psychological Bulletin*(1960). 57(1): 1~28.

Mac Corquodale, Kenneth, and Paul E. Meehl. "On a Distinction between Hypothetical Constructs and Intervening Variables." *Psychological Review*(1948). 55: 95~107.

Michels, Robert. *Political Parties*. Translated by Eden and Cedar Paul. New York: Dover Press, 1959.

National Academy of sciences-Social Science Research Council(NAS-SSRC). *The Behavioral and Social Sciences: Outlook and Needs*. Englewood Cliffs, N. J.: Prentice-Hall, 1969.

Newcomb, Theodore M. "An Approach to the Study of Communicative Acts." *Psychological Review*(1953). 60: 393~404.

Nisbet, Robert. "Review of Amitai Etzioni, *The Active Society*." *American Sociological Review*‡ (1968). 33: 988~991.

Osgood, C. E., and P. H. Tannenbaum. "The Principle of Congruity in the Prediction of Attitude Change." *Psychological Review*‡ (1955). 62: 42~55.

Popper, Karl R. *The Poverty of Historicism*. New York: Harper &

Row, 1957.

Popper, Karl R. *The Logic of Scientific Discovery*. New York: Harper & Row, 1959.

Popper, Karl R. *Conjectures and Refutations: The Growth of Scientific Knowledge*. New York: Harper & Row, 1963.

Raiffa, Howard. *Decision Analysis. Reading*, Mass.: Addison-Wesely. 1968.

Rapaport, David. "The Conceptual Model of Psychoanalysis." *Journal of Personality*(1951). 20: 56~81.

Reynolds, Paul Davidson. "Certain Effects of the Expectation to Transmit on Conceptual Attainment." *Journal of Educational Psychology*(1968). 59(3): 139~146.

Rosenberg, Milton J. "Cognitive Structure and Attitudinal Affect." *Journal of Abnormal and Social Psychology*(1956). 53: 367~372.

Rosenthal, Robert. *Experimenter Effects in Behavioral Research*. New York: Appleton-Century-Crofts. 1966.

Secord, Paul F. and Carl W. Backman. *Social Psychology*. New York: McGraw-Hill. 1964.

Siegel, Sidney. *Nonparametric Statistics*. New York: McGreaw-Hill, 1956.

Skinner, Burrhus F. "Are Theories of learning Necessary?" *Psychological Review*(1950). 57(4): 193~216.

Stinchcombe, Arthur L. *Constructing Social Theories*. New York: Harcourt. Brace & World. 1968.

Torgenson, W. *Theory and Method of Scaling*. New York: John Wiley & Sons, 1958.

Webb, Eugene J., Donald T. Campbell, Richard D. Schwartz, and Lee Sechrest. *Unobtusive Measures: Non-Reactive Research in the Social Sciences*. Chicago: Rand McNally, 1966.

Willer, David. and Murray webster, Jr. "Theoretical Concepts and Observables." *American Sociological Review*(1970). 35: 748~757.

색 인

인명색인

내용색인

<h1 style="text-align:center">■역자 소개■</h1>

주삼환(朱三煥)

약력

- 서울교육대학 교육학과 졸업
- 서울대학교 교육대학원 교육행정전공(교육학 석사)
- 미국 미네소타 대학교 대학원 교육행정전공(철학박사)
- 前 서울 시내 초등학교 교사 약 15년
  한국교육학회 회원, 한국교육행정학회 회장(1999)
  미국 오하이오 주립대학교 객원교수(2003~2004)
- 現 충남대학교 인문대학 교육학과 교수

저서 및 역서

『우리의 교육, 몸으로 가르치자』(한국학술정보, 2005)

『미국의 교장』(학지사, 2005)

『교육의 질 향상을 위한 장학의 이론과 기법』(학지사, 2003)

『교육행정 및 교육경영』(공저, 학지사, 2003, 개정판)

『역사적 전환시대의 한국교육』(동문사, 2001)

『한국교육의 위기』(동문사, 2001)

『지식정보화 사회의 교육과 행정』(학지사, 2000)

『교육행정강독』(원미사, 1999)

『많이 가르치고도 실패하는 한국교육』(대교출판사, 1998)

『수업관찰과 분석』(공저, 원미사, 1998)

『변화하는 시대의 장학』 (원미사, 1997)

『전환기의 교육행정』 (성원사, 1996)

『교육행정 및 교육경영』 (공저, 삼광출판사, 1995)

『우리의 교육, 몸으로 가르치자』 (대교출판사, 1995)

『장학론』 (공저, 한국교육행정학회, 1995)

『교육행정논단』 (성원사, 1992)

『교육행정의 새로운 접근』 (공역, 양서원, 1992)

『새로운 세기의 교장과 장학』 (성원사, 1992)

『사회과학이론 입문』 (공역, 성원사, 1991)

『장학론』 (공저, 한국방송통신대학, 1991)

『장학·교장론: 교육의 질 관리』 (성원사, 1990)

『지도자의 철학』 (공역, 법문사, 1989)

『교양인간관계론』 (공역, 법문사, 1987)

『교육행정사조』 (배영사, 1987)

『인간자원장학론』 (공역, 배영사, 1987)

『장학론: 장학사와 교사의 상호관계성』 (역, 교육출판사, 1987)

『행정철학』 (역, 법문사, 1987)

『교육행정학개론』 (역, 박영사, 1986)

『비교교육학 입문』 (역, 성원사, 1986)

『장학론: 선택적 장학체제』 (역, 문음사, 1986)

『교육행정연구』 (성원사, 1985)

『장학론』 (공역. 학문사, 1984)

『교육정책의 새로운 방향』 (역, 교육과학사, 1983)

『교육학개론』 (공저, 정민사, 1983)

『동기위생론』 (역, 배영사, 1983)

『장학론: 임상장학방법』 (역, 학연사, 1984)

『장학론』(갑을출판사, 1982)

『신장학론』(역, 교육출판사, 1979)

신붕섭(申鵬燮)

- 충남대 교육학과 졸업
- 충남대 대학원 교육행정 전공(교육학 석사)
- 충남대 대학원 교육행정 전공(교육학 박사)
- 충남대 교육학과 조교
- (현) 혜천대 교수
  - 저서: 『온종일 공부하고 2등하는 아이, 신나게 놀고 1등하는 아이』(한언, 2002)

    『교육행정 및 교육경영』(공저, 학지사, 2003, 개정판)

    『교육행정의 새로운 접근』(공역, 양서원, 1992)

    『사회과학이론입문』(공역, 성원사, 1991)

    『수업관찰과 분석』(공저, 원미사, 1998)

    외 다수

社會科學理論入門

• 초판 인쇄	2005년 8월 1일
• 초판 발행	2005년 8월 1일
• 저　　자	Paul Davidson Reynolds
• 역　　자	주삼환 · 신붕섭
• 펴 낸 이	채종준
• 펴 낸 곳	한국학술정보㈜
	경기도 파주시 교하읍 문발리
	파주출판문화정보산업단지 526-2
	전화 031) 908-3181(대표) · 팩스 031) 908-3189
	홈페이지 http://www.kstudy.com
	e-mail(e-Book사업부) ebook@kstudy.com
• 등　　록	제일산-115호(2000. 6. 19)
• 가　　격	25,000원

ISBN　　89-534-2518-7 93330 (paper book)
　　　　　89-534-2519-4 98330 (e-book)